Follow Me
人人遊日本 ⑭

瀨戶內海
倉敷・尾道
廣島・宮島

人人出版

目錄　人人遊日本 —— 瀬戶內海
倉敷・尾道・廣島・宮島

MAP 系列

倉敷・岡山

尾道・吳

島波海道・跳島海道

廣島・宮島

旅遊的規劃

鴨隊長

人人遊日本全新系列中負責介紹工作的白鴨，興趣是旅行。在旅途中吃下太多美食而幾乎無法飛行，只能隨興地靠雙腳和搭乘大眾運輸工具悠遊於日本各地。

●各種費用皆為成人的費用。
●店家的休息日，原則上為公休日，有時會省略過年期間、盂蘭盆節。
●住宿設施的費用，S為單人房，T 為雙床房，皆含稅（稅、服務費）。刊載附餐旅館的價錢時，則為2人1房時，1人的最低費用。
●巴士路線、航線可能會隨路線與季節而有減少，請務必事先確認。
●「美食」資訊所寫的LO，為最後點餐時間。
●本書的各項資訊為2021年1月時所查，於2023年8月進行大部分更新，實際情況，可能會有所變動，敬請知悉。

24	享受散步於歷史性街區的地區
14	絕對不容錯過的地區‧景點
28	本書所介紹的地區‧景點

中国自動車道
高田IC
三次駅
三次IC
芸備線
広島縣
戸河内IC
千代田IC
186
433
261
54
375
184

91 平山郁夫美術館
82 耕三寺博物館(耕三寺)
90 瀨戶田

111
廣島和平紀念資料館
110 和平紀念公園
110 原爆圓頂館
広島北IC

62 松阪邸
62 西方寺
63 賴惟清舊宅
486
三原久井IC

山陽本線
廣島機場
三原
56

127 西条
西条駅

102 廣島
広島駅
東広島駅
2
河内IC
山陽新幹線

廿日市駅
竹原 **62**
185
竹原駅
天久野島 **98**

嚴島神社 **130**
彌山 **134**
宮島 **128**
宮島口駅
大野IC

大和博物館 **66**
鐵鯨魚館
(海上自衛隊吳史料館)
吳市入船山紀念館 **65**
65

大三島 **92**
大山祇神社 **82**
大三島IC

68 舊海軍兵學校
大竹駅
吳駅
吳
375
吳線
呉
64
広駅
64

多多羅島波公園
伯方 **92**
87
大島北IC
大島

岩國駅
岩國 **141**

音戸
68

縣民之濱 **95**

愛媛縣

65 Alley鳥小島公園
68 音戸瀨戶公園

跳島海道
94

今治北IC
今治駅
今治IC

山口縣

96 御手洗
96 若胡子屋跡
96 大東寺

村上水軍博物 **93**

MAP

景點索引地圖

前往瀨戶內旅行之前，不妨利用這張地圖事先掌握住
幾個主要的地區和值得注目的觀光景點在什麼地方。

［岡山］
P.14

［倉敷］
P.24

［尾道］
P.42

岡山機場

429

53

備中高梁駅

伯備線

岡山自動車道

岡山IC

吉備路 22

岡山IC

岡山縣

313

総社駅

岡山駅

岡山 14

岡山後樂園 15

倉敷IC

182

井原鉄道

倉敷 24

17 犬島

府中駅

倉敷駅

新倉敷駅

美觀地區 28

福塩線

福山東IC

宇野駅

大原美術館 30

神辺駅

笠岡駅

倉敷民藝館 33

尾道北IC

山陽自動車道

山陽本線

日本郷土玩具館 29

尾道IC

福山駅

對潮樓 58

語らい座-大原本邸 28

道駅

沼名前神社 59

倉敷考古館 33

尾道駅

鞆浦 58

倉敷常春藤廣場 34

向島 88

尾道 42

大橋家住宅 32

高松駅

海道 76

丸亀駅

因島 88

古寺巡禮 46 48

多度津駅

坂出駅

因島水軍城 88

持光寺 46

高松自動車道

因島花卉中心 88

天寧寺 48

11

白瀧山 81

西國寺 52

琴平駅

香川縣

生口島 88

淨土寺 52

予讃線

観音寺駅

徳島縣

徳島自動車道

N

阿波池田駅

1:757,000

0   20km

［竹原］
P.62

［吳］
P.64

［島波海道］
P.76

［廣島］
P.102

［宮島］
P.128

［岩國］
P.141

景點索引地圖

5

2023年最佳季節月曆

1 JANUARY	2 FEBRUARY	3 MARCH	4 APRIL	5 MAY	6 JUNE

倉敷·岡山

倉敷女兒節擺飾(2月下旬～3月上旬·倉敷)

岡山櫻花嘉年華會(3月下旬～4月上旬·岡山)

鶴形山公園倉敷櫻花祭
(3月下旬～4月上旬·倉敷)

Heart Land倉敷
(五月黃金周·倉敷)

西大寺會陽
(2月第2週六·岡山)

阿智神社春祭(5月第3週六·倉敷)

尾道·吳

鞆·街區女兒節 (2月下旬～3月下旬·鞆浦)

福山·鞆浦觀光鯛網(5月上旬～下旬·鞆浦)

尾道みなと祭 (4月29·30日·尾道)

吳港祭(4月29日·吳)

竹原竹祭(5月3·4日·竹原)

福山薔薇祭(5月27·28日·福山)

島波海道 跳島海道

音戶牡蠣祭
(2月上旬·音戶)

紫藤祭
(4月下旬～5月上旬·大三島)

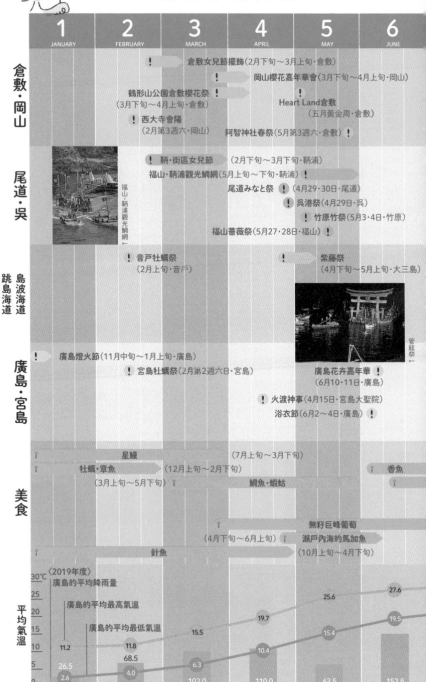

管絃祭←

廣島·宮島

廣島燈火節(11月中旬～1月上旬·廣島)

宮島牡蠣祭(2月第2週六日·宮島)

廣島花卉嘉年華
(6月10·11日·廣島)

火渡神事(4月15日·宮島大聖院)

浴衣節(6月2～4日·廣島)

美食

星鰻 (7月上旬～3月下旬)

牡蠣·章魚 (12月上旬～2月下旬)

香魚

(3月上旬～5月下旬) 鯛魚·蝦蛄

無籽巨峰葡萄

(4月下旬～6月上旬) 瀨戶內海的馬加魚

針魚 (10月上旬～4月下旬)

平均氣溫

〈2019年度〉
廣島的平均降雨量

廣島的平均最高氣溫

廣島的平均最低氣溫

30℃
25
20
15
10
5
0

	1	2	3	4	5	6
最高氣溫	11.2	11.8	15.5	19.7	25.6	27.6
最低氣溫	2.6	4.0	6.3	10.4	15.4	19.5
降雨量	26.5	68.5	102.0	110.0	63.5	152.5

※活動等的舉辦日期有可能會變動，請事前利用各官方網站進行確認。

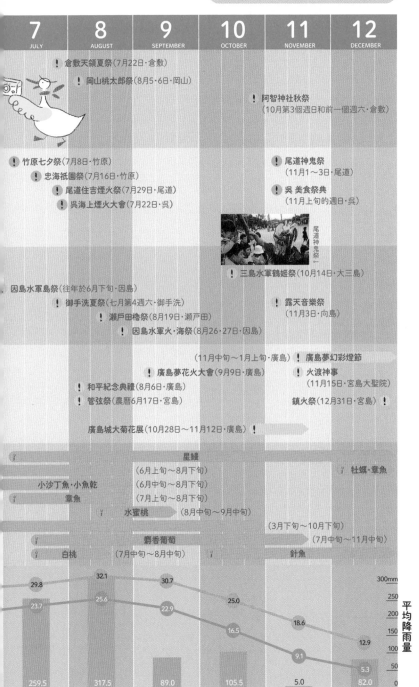

7 JULY	**8** AUGUST	**9** SEPTEMBER	**10** OCTOBER	**11** NOVEMBER	**12** DECEMBER

倉敷天領夏祭(7月22日‧倉敷)

岡山桃太郎祭(8月5‧6日‧岡山)

阿智神社秋祭
(10月第3個週日和前一個週六‧倉敷)

竹原七夕祭(7月8日‧竹原)

忠海祇園祭(7月16日‧竹原)

尾道住吉煙火祭(7月29日‧尾道)

吳海上煙火大會(7月22日‧吳)

尾道神鬼祭
(11月1～3日‧尾道)

吳 美食祭典
(11月上旬的週日‧吳)

三島水軍鶴姬祭(10月14日‧大三島)

因島水軍島祭(往年於6月下旬‧因島)

御手洗夏祭(七月第4週六‧御手洗)

瀨戶田櫓祭(8月19日‧瀨戶田)

因島水軍火‧海祭(8月26‧27日‧因島)

露天音樂祭
(11月3日‧向島)

(11月中旬～1月上旬‧廣島) 廣島夢幻彩燈節

廣島夢花火大會(9月9日‧廣島)

火渡神事
(11月15日‧宮島大聖院)

和平紀念典禮(8月6日‧廣島)

管弦祭(農曆6月17日‧宮島)

鎮火祭(12月31日‧宮島)

廣島城大菊花展(10月28日～11月12日‧廣島)

星鰻
(6月上旬～8月下旬)

牡蠣‧章魚

小沙丁魚‧小魚乾
(6月中旬～8月下旬)

章魚
(7月上旬～8月下旬)

水蜜桃 (8月中旬～9月中旬)

(3月下旬～10月下旬)

麝香葡萄 (7月中旬～11月中旬)

白桃 (7月中旬～8月中旬)

針魚

29.8	32.1	30.7	25.0	18.6	
23.7	25.6	22.9	16.5	9.1	12.9
					5.3
259.5	317.5	89.0	105.5	5.0	82.0

300mm
250
200
150
100
50
0

平均降雨量

7

~流動著安穩的時間，投入多島美的懷抱~

漫步於瀨戶內海諸島之旅

**從空中俯瞰
瀨戶內海**

從前方往後面延伸依序為
大島、伯方島、大三島跟生
口島，再過去便是尾道方
向。除了風景名勝，還有村
上海軍相關景點以及大山祇
神社、耕山寺等與史蹟神社
佛寺相關的景點。

遍布除蟲菊
的因島

　作為村上海軍根據地的因島，也以除蟲菊的賞花勝地而知名。從可俯瞰海景的斜坡望下去，滿布整片可愛的小白花，花季為4月下旬～5月下旬。

眺望尾道水道

瀨戶內海道靠本州側的大門 —— 尾道，城鎮上多為斜坡跟寺院。漫步在斜坡上錯綜複雜的小路，時光彷彿倒流般，景色讓人升起懷念之情。

也有種檸檬、八朔橘等而被稱為柑橘之島

由夕陽鋪出的黃金道路，可以實際感受瀨戶內海之所以為「道」的原因

岡山
倉敷

岡 山

塗黑外牆具有獨特風格的岡山城

受惠於海洋及各樣水果恩惠，氣候溫暖的富饒之地

有著溫暖氣候與豐饒自然土地的岡山，也因盛產水蜜桃、葡萄等水果而聞名。江戶時代因是池田氏32萬石的城邑而繁榮一時。流經市區的旭川旁，有後樂園和岡山城等眾多景點。

HINT

前往岡山的方法・遊覽順序的小提示

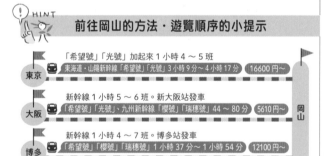

東京	「希望號」「光號」加起來 1 小時 4 ～ 5 班	
	東海道・山陽新幹線「希望號」「光號」3 小時 9 分～ 4 小時 17 分	16600 円～
大阪	新幹線 1 小時 5 ～ 6 班。新大阪站發車	
	「希望號」「光號」、九州新幹線「櫻號」「瑞穗號」44 ～ 80 分	5610 円～
博多	新幹線 1 小時 4 ～ 7 班。博多站發車	
	「希望號」「櫻號」「瑞穗號」1 小時 37 分～ 1 小時 54 分	12100 円～

從桃園國際機場往岡山機場的飛機約為2小時35分，目前只有台灣虎航直飛。從岡山機場搭岡山機場線前往岡山站30分，780日圓。從東京、大阪也有高速巴士行駛。從東京的BASTA新宿為11小時，6000日圓～，從難波高速BT為3小時15～30分，2760日圓（網站）～。

●抵達岡山站後的第一步

主要景點集中在岡山城、後樂園周邊。從岡山站搭乘岡山電軌的路面電車，在城下電車站下車，以此為起點開始遊逛很方便。

區域的魅力度

散步
★★★
史蹟
★★★★
當地美食
★★★★

火熱資訊：
穿著丁字褲的男性們互相搶奪寶木，日本三大奇祭之一的西大寺會陽於2月第3週六舉辦。各季盛產的水果，有夏季的水蜜桃，以及夏至秋季的葡萄等。

觀光交通詢問處

桃太郎觀光中心
☎086-222-2912
岡山市觀光振興課
☎086-803-1332
JR西日本客服中心
☎0570-00-2486
兩備巴士（新宿～岡山）
☎0570-08-5050
WILLER EXPRESS
☎0570-666-447
西日本JR巴士
（大阪～岡山）
☎0570-00-2424
岡山電氣軌道
☎086-272-5520

定期觀光巴士

由兩備巴士所經營，有從岡山站發車前往岡山城、後樂園等主要景點，或是周遊倉敷的定期觀光巴士。3月20日～11月30日每天行駛。車費為3560日圓起（依路線不同車費有所差異）。

岡山城
おかやまじょう

地圖 p.16-B
JR岡山站搭往東山的岡山電軌7分，城下電車站下車
🚶10分

受到豐臣秀吉禮遇，由被任命於豐臣政權的最高機構，五大老的宇喜多秀家所築城，於1597（慶長2）年完成。外牆由塗黑的魚鱗板覆蓋，又稱為「烏城」。三層六樓所建的天守閣，是1945（昭和20）年遭戰火焚燬後重建而成的，但西丸西手櫓、月見櫓都是創建當時的原貌，被指定為重要文化財。地下1樓～5樓為鄉土資料館。從6樓可眺望岡山市區一覽無遺。

☎ 086-225-2096　♀ 岡山市北区丸の内2-3-1
🕐 9:00～17:30（入館至30分前）
🈺 12月29日～31日
💰 400日圓（跟後樂園的套票640日圓。特展費用另計）
🅿 利用烏城公園🅿54輛

岡山後樂園
おかやまこうらくえん

地圖 p.16-B／JR岡山站東口巴士總站1號搭乘處直通🚌8分

世人熟知的日本三名園之一的後樂園，是1686（貞享3）年，岡山藩主池田綱政命令家臣津田永忠建造的庭園。被指定為國家特別名勝。園內的草坪、池塘及人造山等配置得宜，為可欣賞變化萬千景色的迴遊式庭園。春天的櫻花和杜鵑花，夏日的蓮花、花菖蒲繁花競艷，同時也是眾多遊人造訪的療癒景點。有義工導覽（免費），絕對不可錯過。

☎ 086-272-1148　♀ 岡山市北区後楽園1-5
🕐 7:30～18:00
　（10月1日～3月19日為8:00～17:00）
🈺 無休　💰 410日圓（與岡山城的套票為640日圓）
🅿 570輛
※預約志工導覽須至少1個月前
（☎ 086-272-1148）

夢二鄉土美術館 本館
ゆめじきょうどびじゅつかん ほんかん

地圖 p.16-B／JR岡山站東口巴士總站1號乘處直通🚌10分

收藏生長在自然環境優越的岡山縣邑久郡（現今的瀨戶內市邑久町本庄）的著名美人畫畫家‧竹久夢二的大量作品。為了紀念夢二誕生100年而成立的博物館，位於旭川河畔，紅磚建築立著風向雞的建築，讓人緬懷夢二活躍的大正時代。展示代表作《立田姬》、《秋之憩》等，還有夢二負責封面設計與插畫的《淑女倶樂部》等雜誌，一年舉行4次企劃展，經常展出100件以上作品。附設的「art café夢二」很受歡迎。

☎ 086-271-1000　♀ 岡山市中区浜2-1-32
🕐 9:00～17:00　🈺 週一　💰 800日圓　🅿 10輛

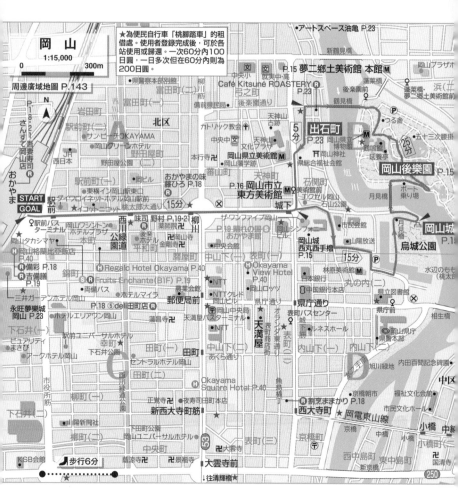

岡山市立東方美術館

おかやましりつオリエントびじゅつかん

地圖 p.16-B
城下電車站 🚶 2分

　收藏了約5000件以西亞、埃及的古代美術品為中心之美術館，也是日本國內罕見珍貴的古代東方藝術專館。展示品十分多元，包含了古代土器、玻璃、金屬器皿、陶器、馬賽克和人身裝飾品等。其中最具代表性的展示品，是亞述浮雕「有翼鷲頭精靈像浮雕」（伊拉克、西元前9世紀），不用玻璃櫃罩住的質感十分迷人。此外，還可試穿民族服飾感受東方風情。2樓設有咖啡廳，可以享用到550日圓又香又濃的阿拉比卡咖啡。

📞 086-232-3636　　📍 岡山市北區天神町9-31
🕘 9:00～17:00
🚫 週一、換展期間、過年期間
💴 310日圓

犬島精鍊所美術館・
犬島「住宅計畫」

位於瀨戶內海國家公園內，島周長3.6公里的犬島。島上將產業遺產與現代藝術做出融合的藝術企劃，引人矚目。

交通指南
岡山站搭乘JR山陽本線・赤穗線17分在西大寺站
🚌轉乘往東寶伝的兩備巴士40分，🚏西寶伝下車，🚶5分至寶傳港乘定期船班10分，犬島港下船
詢問處
岡山市觀光會議推進課
☎086-803-1332

▲ 仍遺留著煙囪和紅磚牆等遺跡
▶ 柳幸典「英雄乾電池／Solar Rock」2008年／攝影：阿野太一

犬島自江戶時代開始就是優質花岡岩的產地。名為犬島石的花岡岩，被使用在岡山城等地的石垣上。1909(明治42)年興建了煉銅的犬島製鍊所，島上人口一時之間急劇增加。港口周邊蓋滿了員工宿舍和餐飲店、娛樂設施等，朝氣蓬勃。

在聚落內所展示的「住宅計畫」，妥善利用古民宅或島內既有的材料，孕育出和島內風景結合為一體的風景。於5間藝廊（需門票）和聚落的空地上展示著5位藝術家的作品。

位於製鍊所最深處的發電所遺跡建築

犬島精鍊所美術館　近代化遺產　發電所遺蹟／提供：福武財團

「犬島精鍊所美術館」是將銅製鍊所的遺址加以保存、再生的美術館。以對日本的近代化發出警訊的作家・三島由紀夫為題材，利用舊宅的廢材漂浮空中的能源廳是藝術家柳幸典的作品。運用高大煙囪的建築，是建築師三分一博志的建築作品。由煙囪和人的動作導致的流動空氣，讓館內維持住固定的溫度，將對環境產生的衝擊減到了最低的程度。

●犬島精鍊所美術館・犬島「住宅計畫」
☎ 086-947-1112
🕐 9:00～16:30（入館至16:00）
休 12月～2月全日、週二～四（3月1日～11月30日）
¥ 2100日圓（※）

※犬島「住宅計畫」・犬島精鍊所美術館・犬島海濱畫廊的入場套票

TEKU TEKU COLUMN

奇祭. 西大寺會陽（裸祭典）　地圖p.143-H

建於吉井川河畔的西大寺，於每年2月第3個週六，會展開一場男人們熱血賁張的激戰。從晚上八點揭開序幕，只穿著丁字褲的男性們開始聚集，在淨身場清洗身體，祭拜牛玉所大權現後，將近數千人便簇擁於本堂的外側。夜晚10點時消去燈火後，男性們便開始互相搶奪由御福窗丟出來的寶木。順利奪得寶木者會被稱為福男，據說能得到接下來一整年的好運。

美食＆購物

鐵板燒

備彩
びさい

地圖 p.16-A
JR岡山站🚶即到

位於19樓的鐵板燒餐廳。高人氣的午間全餐，千屋午餐價格從12000日圓起，主菜為岡山的品牌牛「千屋牛」，搭配了前菜、湯、炒時蔬和甜點等多樣的菜色。此外，店內水槽養了龍蝦及鮑魚，可享受燒烤美食樂趣。在此度過一段高級又優雅的美饌時光。

🎵 086-233-3138（預約專線）
📍 岡山市北区駅元町1-5 岡山格蘭比亞飯店19F
🕐 11:30～14:00LO、
17:30～21:00LO
休 週二 ＊24席 🅿 171輛

瀨戶內的日本料理

割烹ままかり

地圖 p.16-D
岡山電氣鐵軌西大寺町電車站🚶4分

以瀨戶內海野生魚，其中又以岡山知名的小沙丁魚（借飯魚）備受好評。可充分品嘗醋漬、炭烤（需預約）、壽司等借飯魚料理。午餐尤其推薦有醋漬借飯魚或醋醬炸借飯魚、生

魚片和紅燒魚的借飯魚午膳（4320日圓）。晚上的會席7560日圓起。可嘗到地產星鰻、韭黃菜等岡山特有的美食。全面使用瀨戶內海現捕魚的魚島全餐8640日圓起。

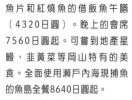

🎵 086-232-1549
📍 岡山市北区表町3-9-2
🕐 11:30～13:30LO （僅週五六營業）、17:00～21:30LO
休 週日、假日
（根據預約狀況不定休）
＊40席 🅿 10輛

壽司

吾妻寿司 さんすて岡山店
あづまずし さんすておかやまてん

地圖 p.16-A
JR岡山站內

1912(明治45)年創業，至今已超過百年的老牌壽司店。招牌菜借飯魚壽司1210日圓，是以醋漬的借飯魚搭配朝日米，上面再鋪上薄薄昆布的絕妙美食。以岡山獨特散壽司形式提供的ばら寿司(附味噌湯)1980日圓，可品嘗到四季不同的山珍海味。靠近岡山站新幹線進站口附近的位置十分方便。

🎵 086-227-7337
📍 岡山市北区駅元町1-1-1
さんすて岡山2F
🕐 11:00～21:30LO
休 無休 ＊30席 🅿 無

咖啡廳

⑤deli田町店
まるごデリたまちてん

地圖 p.16-C
JR岡山站🚶7分

很有水果王國岡山的感覺，450日圓～就能喝到現榨新鮮果汁的攤位。夏到秋季的產季時會有超過10種如白桃或無籽巨峰葡萄等果汁。咖啡如400日圓的濃縮咖啡等品項眾多可做選擇。也有麵包脆餅、餅乾及布朗尼等點心類。

🎵 086-235-3532
📍 岡山市北区田町1-1-11
🕐 11:00～21:00(週六～23:00)
休 第1週二 ＊10席 🅿 無

醬汁豬排蓋飯

味司 野村
あじつかさ のむら

地圖 p.16-A
JR岡山站🚶10分

岡山的地方美食，半釉汁炸豬排蓋飯的創始店。使用當地產朝日米，放上岡山產的水煮高麗菜和現炸的豬排，再淋上創業以來口味不變，滋味圓融

的半釉汁。醬汁上放著5顆綠豌豆。購買食券時，可以選擇肉的種類與大小。里肌肉800日圓、小里肌900日圓。也有賣不淋醬汁的滑蛋豬排蓋飯。

☎ 086-222-2234
📍 岡山市北区平和町1-10 野村ビル1F
🕐 11:00～21:00LO
⊗ 週一 ＊39席 🅿 無

日本料理
吉備膳
きびぜん

地圖p.16-C
JR岡山站🚶即到

位在站前的格蘭比亞酒店2樓的日本料理店。推薦午晚餐皆有的「吉備膳」5500日圓。由鰹魚跟昆布帶出風味的湯品值得品嘗，而天婦羅跟茶碗蒸等每月替換的配菜也很不錯。晚上在此與地酒一同享用蝦蛄、黃韭等岡山獨特的料理吧。

☎ 086-233-3138（預約專線）
📍 岡山市北区駅元町1-5 岡山格蘭比亞飯店2F
🕐 11:30～14:00LO、17:30～21:00LO
⊗ 週一（逢假日則營業）
＊92席 🅿 171輛

水果
Fruits Enchante
フルーツ アンシャンテ

地圖p.16-A
JR岡山站🚶即到

位於岡山站前的岡山高島屋百貨地下1樓的水果店。販賣著大量使用當季水果的甜點。356日圓的水果泡芙，裡面塞滿了橘子或奇異果等水果，十分奢侈。也同時販賣以新鮮水果製作而成的加工產品，選購伴手禮時，使用岡山產麝香葡萄的果醬864日圓、或糖煮水果2160日圓最為推薦。

☎ 086-232-4600
📍 岡山市北区本町6-40 岡山高島屋地下1F
🕐 準同岡山高島屋
🅿 300輛

伴手禮
晴れの国おかやま館
はれのくにおかやまかん

地圖p.16-B
JR岡山站🚃往岡山電軌東山行7分，♀城下電車站下車🚶1分

從備前燒到鄉土玩具、水產加工品、加工食品、糕點，當地酒等，岡山縣的特產伴手禮集於一堂。也販賣岡山特產麝香葡萄釀成的葡萄酒，價格1200日圓起。水果罐頭白桃1620日圓（照片中央）、白桃（巨峰葡萄）咖哩626日圓或完熟番茄果凍540日圓等都很受歡迎。

☎ 086-234-2270
📍 岡山市北区表町1-1-22
🕐 10:00～19:00
⊗ 週二（逢假日則營業）
🅿 使用城下地下🅿174輛

岡山

MAP

海味山珍種類多元

絕對不容錯過的
岡山縣道地美食

岡山縣由溫暖的瀨戶內海沿岸到內陸的高原地帶，提供了多樣食材並加以運用，讓岡山各地的美食也十分充實。岡山市內和分散各地的岡山縣美食，都不容錯過。

有層次的
醬汁包覆著
炸豬排

岡山市

Ⓐ 多蜜醬豬排蓋飯

放在白飯上的炸豬排淋上半釉汁的日西和壁蓋飯，由味司野村在1931（昭和6）年創業時開創，並普及到全市。

從戰前就不變的滋味

津山市

Ⓑ 津山牛雜炒烏龍麵

以味噌和醬油混合的醬汁將牛內臟和烏龍麵合炒而成。據說津山在明治之前，就以牛肉作為藥膳食用，市內超過50家店提供這項菜色。

感受到
醬汁層次的
人氣炒飯

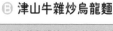
顏色濃厚味道卻爽口

啤酒絕佳的下酒菜拍檔

在牛肉相關的
土地上傳開來的
美食

岡山市

Ⓒ 蝦子飯

將白飯和蝦仁使用醬汁或番茄醬炒成的炒飯。炒飯濃黑很有視覺震撼感，味道卻意外地清爽好入口。

真庭市蒜山高原

Ⓓ 蒜山炒麵

1950年代在各家庭裡做出的獨創醬汁的炒麵，在當地十分流行。當時由「ますや食堂」做的炒麵風評最好，成為了固定的口味。

 使用味道濃郁的成雞

鹹甜醬汁和成雞肉、高麗菜十分對味

從庶民智慧發想出的在地好味道

 又別名「かくしずし」

 牡蠣的鮮味十分明顯

備前市日生

Ⓕ 日生牡蠣御好燒

日生是牡蠣產地，各種菜色當然都會添加牡蠣。據說當地漁民之間，在以前就會使用新鮮牡蠣做出御好燒。

岡山市

Ⓔ 散壽司

江戶時代，為了逃避藩主的儉約令而將山海珍饌混在醋飯裡食用，便是這道料理的起源。現在則是將食材放在飯上，做成華麗的壽司。

御好燒運用當地肥美的食材

可以吃到的店

‥‥味司 野村 （多蜜醬豬排蓋飯800日圓～，詳細見p.19）
‥‥津山站周邊的用餐處 津山市觀光振興課 ☎0868-32-2082、津山ホルモンうどん研究会HP
‥‥えびめしや万成店（蝦子飯760日圓） ☎086-251-6221／⏰11:00～22:00（21:30LO）／休12/31·1/1／地圖p.143-D
‥‥真庭市蒜山的用餐處等 蒜山觀光協會 ☎0867-66-3220、ひるぜん焼きそば好いとん会HP
‥‥吾妻寿司 さんすて岡山店（解體壽司1980日圓，詳細見p.18）
‥‥JR日生站周邊的御好燒店等 備前東商工會 ☎0869-72-2151
※可吃到這些餐點的範例

從古代直到戰國、江戶時期

地圖 p.143-C

在吉備路探訪歷史

岡山市的西北地方直到總社市一帶，從以前開始就被稱為「吉備路」。此地在古代以「吉備國」繁榮發展，到了戰國時期又建了備中高松城，歷史的足跡一直延續至今。

交通指南·詢問處
從JR岡山站搭乘吉備線。到吉備津站14～19分，到備中高松站18～26分，到足守站22～41分。桃太郎觀光中心 ☎ 086-222-2912

漫步於充滿歷史情懷的鄉間

距今大約1600年前，西元5世紀初所建造的**造山古墳**，據說是古代吉備王國首長的墳墓。其規模大小長約350公尺，是岡山縣內最大，也是日本國內第4大。

祭祀大吉備津彥命的**吉備津神社**，自古以來因為是吉備地方的總氏神，而受到當地居民推崇尊敬。現今的本殿與拜殿於1425(應永32)年所建造完成。被稱為吉備津造的獨創性建築，已經被指定為國寶。

時光荏苒進入了戰國時代，此時建築了毛利氏的戰國武將——清水宗治的居城**備中高松城**。1582(天正10)年，備中高松城因為是織田信長家臣——羽柴秀吉「水攻高松城」的歷史舞台背景而聞名。現在整修後改為公園，遊客可參觀資料館和散步於歷史遺跡間。用於水攻戰中的足守川西岸邊，從江戶時代起就大量興建了商家與武士住宅等建築物。時至今日還留存為數眾多的歷史與文化資源，也被指定為岡山縣的街區保存地區。

1 指定為岡山縣重要文化財的吉備津神社迴廊 2 造山古墳全景 3 備中高松城址的清水宗治公首塚 4 足守的武家屋敷

●造山古墳
📍岡山市北區新庄下 ＊自由參觀
JR足守站🚌10分
●吉備津神社
☎086-287-4111 📍岡山市北區吉備津931
🕐5:00～18:00(受理9:00～14:30) JR吉備津站🚶5分
●備中高松城跡
高松城址公園資料館 ☎086-287-5554 📍岡山市北區高松 🕐10:00～15:00、休週一(逢假日則翌日休) 免費 JR備中高松站🚶10分
●足守街區保存地區
足守觀光協會 ☎086-295-1837 📍岡山市北區足守7 JR足守站到足守廣場🚌10分

TEKU TEKU COLUMN

桃太郎真的存在過!?
由地名來追尋傳說之地

吉備路因為是「桃太郎傳說」的故事舞台而聞名。據說此地流傳的「溫羅傳說」，為桃太郎故事的原型。其中溫羅成了故事中鬼的雛形，傳說他所居住過的「鬼之城」當中，可以看到復原過後的大門與基石等建築遺跡。另外在溫羅傳說中提及的「血吸川」、「矢喰宮」和「鯉喰神社」等地名或遺址仍遺留至今。

建築於吉備高原南端的鬼之城

悠閒漫遊出石町

出石町善用其懷舊風的巷弄街景，正在進行全新的城鎮復興計畫。
讓我們放鬆心情漫步其間，一同發現那無比的魅力。

交通指南
JR岡山站搭岡山電軌4分，城下電車站🚶‍♂️5分到出
石しろまち工房

　旭川周邊的出石町一帶，距離岡山城和後樂
園十分相近，是還存留著戰前建築和懷舊風小
巷弄的區域。咖啡廳、手工藝品店與畫廊散佈
於此，遊客可一面造訪店鋪，一面漫步於古老
街弄中。

　最近的電車站為城下。從這裡往北走靠東
側，在旭川沿岸南北長約800m的就是出石町
了。以前曾為觀光服務處的出石しろまち工房
原址，新開設了Café Kitsuné ROASTERY
（9:00～17:30／☎086-201-2534／地圖
p.16-B），人氣咖啡僅限外帶。另外周邊也有
岡山神社、油掛大黑天等景點可參觀。

　借用屋齡140年的油屋建築而營業的**藝術空
間油龜**（☎086-201-8884／地圖p.16-B），是
以器皿和藝術為主題的藝廊。特別企劃展著眼
於日常生活中會用到的器皿，舉辦了咖啡杯等
各式不同主題。詳細資訊請參考官方網站
（http://www.aburakame.com）。

1 Café Kitsuné ROASTERY
2 油掛大黑天　3 舊福岡
醬油建築　4 油龜的企劃
展也有販售商品　5 富有
意趣的油龜建築

TEKU TEKU COLUMN

不容錯過永旺夢樂城岡山內的當地店鋪

　2014年12月於JR岡山站附近開幕的多功
能設施。販售岡山當地設計家們的創作商品
的晴天城特區365、在地受歡迎的壽司店い
わ栄、販賣當地啤酒的クラフトビアショップ
独步等，約350家店鋪齊聚一堂。

☎ 086-803-6700
🕐 10:00～21:00（餐廳為11:00～23:00）※視
店鋪、時期而異／地圖p.16-C

1 透光天窗下的未來廣
場
2 岡山起源的客製化鞋
店my shoes factory-
haku89

倉敷

江戶風情與西方文明水乳交融充滿奇異魅力的城市

此地有水道橫亙其中，兩岸白牆黑瓦房屋綿延，柳樹細長的枝條也輕輕垂拂。美觀地區留有昔日德川幕府時的繁華街區，吸引了無數觀光客。人稱「Hiyasai」的狹窄巷弄、海鼠壁之間的小路等，在這些小路裡迷路本身就是有趣的事，就來遊逛一下有著懷古氛圍的古老街區吧。

 HINT

前往倉敷的方法

●搭乘飛機時

最近的機場是岡山機場，目前只有台灣虎航直飛。若是東京以外的航班，可能沒有聯絡巴士直接開到倉敷。這時可從岡山機場搭乘班次多，開往岡山站的巴士，再轉搭JR山陽本線反而比較快。

●搭乘火車時

從東京、大阪搭乘新幹線出發的話，最近的站是岡山站，能在此轉乘山陽本線的快速或普通列車。若選擇夜間寢台特急「SUNRISE瀨戶・出雲號」，6小時27分可抵達岡山。若從九州前往，可搭乘在福山站停車的新幹線「希望號」、「櫻花號」、「光號」，再轉乘山陽本線的快速列車。

●搭乘高速巴士時

從東京出發的話，以新宿、東京站為起點，所需時間為9小時50分～11小時30分，費用為6300日圓～；從大阪出發則為4小時，3550日圓～。

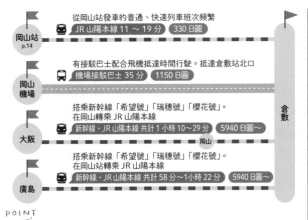

岡山站 p.14	從岡山站發車的普通、快速列車班次頻繁	JR 山陽本線 11～19 分	330 日圓
岡山機場	有接駁巴士配合飛機抵達時間行駛。抵達倉敷站北口	機場接駁巴士 35 分	1150 日圓
大阪	搭乘新幹線「希望號」「瑞穗號」「櫻花號」。在岡山轉乘 JR 山陽本線	新幹線・JR 山陽本線 共計 1 小時 10～29 分	5940 日圓～
廣島	搭乘新幹線「希望號」「瑞穗號」「櫻花號」。在岡山站轉乘 JR 山陽本線	新幹線・JR 山陽本線 共計 58 分～1 小時 22 分	5940 日圓～

倉敷

岡山

POINT

抵達後的第一步

倉敷站只有一個剪票口，走出剪票口往左的南口，可到美觀地區。計程車、巴士乘車處和自行車租賃承辦處也都在南口。

索取旅遊資訊…出了剪票口後，右側的西大樓 2 樓就是倉敷站前觀光服務處（9:00～18:00、12 月 29 日～31 日休），有美觀地區的地圖和旅遊小冊子可拿。若要預約住宿，可洽出剪票口右邊的旅行代理店 TiS。

HINT

遊覽順序的小提示

●**倉敷車站到美觀地區，應該挑哪一條路走？**

倉敷中央通…站前的大馬路，步道寬廣行道樹成蔭，很容易找得到。但車流量大，少了一份風情。在美觀地區入口的十字路口左轉，走到倉敷川旁的道路，就可看到大原美術館。

BIOS 倉敷～倉敷惠比壽通…站前的拱頂商店街，這裡的商店以在地客人為主，不過沿路還是有畫廊、古董店。穿過舊大原家住宅後方走到外面，從這裡到井上家的本通路上，海鼠壁與板牆的酒商等四處林立。

●**美觀地區應儘早開始遊逛**

美觀地區一過了下午 5 時，美術館等的設施和商店大都會關閉，因此應儘量在上午或下午較早的時段遊逛。先參觀集中在美觀地區和周邊的大原美術館、長春藤廣場等地，逛完後再加入本町通和大橋家住宅周邊等路線。

●**要用餐時**

美觀地區有幾家以借飯魚、瀨戶內海小魚為主的鄉土料理小店，與旅館經營的餐廳。氣氛佳的咖啡廳也不少，最適合小歇片刻。不過打烊時間很早，不少餐廳到了 19～20 時左右就打烊休息了。站前和倉敷中央通一帶的店家，有不少都營業到較晚。

觀察倉敷街道的小常識

●**雁木**

受漲潮影響，倉敷川的水位會改變。為了順利上下貨物，便建造石階梯因應，稱為雁木。目前在倉敷民藝館前面、倉敷考古館旁都可看到。

●**加有家紋的瓦**

倉敷的富賈將自己的家徽與商號加在瓦上，以彰顯自家地位。在屋簷上的紋瓦便是其中一例。截至江戶時代為止，倉敷雖只能使用圓瓦，到了明治時代後，這項規定才加以取消。

●**倉敷窗與白壁**

一般來說，商家的 2 樓常會放置家具類。但在幕府直轄的倉敷，從 2 樓俯瞰下面的街道，卻被視為失禮的舉動，因而將窗戶做得很小。也就是下圖所見的倉敷窗。倉敷窗的木框部分緊密地嵌入白壁，非常美麗。

倉敷

倉敷市區的交通

三井Outlet Park
倉敷 P.34

Ario
P.3

川入

倉敷みらい公園

ホテルサンプラザ倉敷●

日吉町

石見町

伯備線

水島臨海鉄道

●倉敷・岡山的定期觀光巴士

由JR岡山站西口發車的兩備巴士定期觀光路線，其中A路線「快速遊覽後樂園・倉敷」，也會經過美觀地區。2者皆為3月20日～11月30日每日行駛，不過12月1日～3月19日停駛，敬請留意。巴士受理處位於岡山站西口的巴士總站5號附近的綜合服務處。

「快速遊覽後樂園、倉敷」路線
岡山站12:20發車～岡山城～後樂園～夢二鄉土美術館～倉敷美觀地區（自由散步）～倉敷站～17:00抵達岡山站
￥4000日圓（至倉敷站3460日圓）
兩備巴士 ☎086-232-2155

●使用路線巴士移動

雖然從車站到美觀地區等觀光景點，都在步行範圍內，但也可以選擇搭乘路線巴士。從倉敷站前巴士中心的第3號搭乘處，兩備巴士的2路有經過大原美術館，費用為170日圓，每1小時約2～6班。從巴士站走到美術館入口約4～5分。

前往倉敷常春藤廣場、東町方向，可搭6號乘車處發車的下電巴士（☎086-231-4331）往兒島站方向，8分後在 ♀倉敷芸文館東下車比較近。費用為170日圓，1小時有2～3班。

●搭乘計程車

北口、南口都有計程車招呼站。前往美觀地區的排班車輛較多，建議在南口搭乘。無論是中型、小型車都在同一個搭乘處，因此若只想搭乘小型車，可按順序讓位給其他人。到美觀地區的預估費用為560日圓左右，鶴形山800～900日圓，鷲羽山6800日圓～。

觀光計程車則推薦兩備集團的「おかやまぶらり旅」較為經濟實惠。「空手遊後樂園、倉敷」、「空手遊倉敷、吉備路」路線為4小時17000日圓，而「空手遊倉敷、瀨戶大橋」路線為5小時21500日圓。詳細請洽網站（https://okayama-burari.com/）

●利用出租自行車

倉敷市區內少有坡道，騎自行車很方便。車站內有出租自行車的營業所（☎086-422-0632、8:00～19：00，營業時間到20:00），1天500日圓。周遊美觀地區，約需3～4小時。

倉敷

♪歩行2分

1:7,100
0　　　100m

周邊廣域地圖 P.143

日ノ出町（一）　　往岡山

寿町公園

寿町

昭和（一）

P

山陽本線

倉敷税務署

幸町

南幸町

しげい病院
（1F・倉敷昆虫館）

B

山陽マルナカ

C

倉敷法務合同庁舎

昭和町

JRバス

裁判所

ホテルリブマックス
岡山倉敷駅前
阿知（一）

昭和（二）

倉敷中央病院

雨備バス
観光センター
センチュリオンホテル&スパ倉敷
倉敷カトリック教会

倉敷駅
シティプラザ
東ビル
タクシー
乗り場
天満屋

松田病院

START　GOAL

倉敷郵便局

〒

駅

シティプラザ
西ビル

倉敷駅前
（倉敷站前巴士中心）
ビオス倉敷

中国

玉島信金

倉敷郵便局前

鶴形（一）

美和（一）

ロイヤルパーク
ホテル倉敷

トマト
日本キリスト教団
倉敷教会

美和二

倉敷グローバル
ホテル

H
観光案内所
倉敷站前処〉
倉敷站前〉
P.40

ホテル・アルファーワン倉敷

倉敷ステーションホテル

文 倉敷東小学校

倉敷東幼稚園

蕃街

東横イン倉敷駅南口

元町

D

阿知（三）

E

鶴形（二）

川西町

鶴形山

川西橋

28-29
P.36
鄉土料理濱吉

銀龍寺 卍

鶴形山公園

卍

[預計2024年底開館]
新兒島館
P.29

卍

阿智神社 P.29

川西町

地蔵院 卍

ドーミーイン倉敷

協願寺 卍

倉敷公民館

本栄寺 卍

P.32 大橋家住宅

M

P.28

本町局

本通り

井上家住宅

阿知（二）

語らい座 大原本邸

有隣荘

吉井旅館 P.40

倉敷ロイヤルアートホテル

M 八間蔵 P.35

料理旅館 鶴形 P.40

破 流知庵
くらしき P.29

P.40 倉敷站前Universal Hotel

美観地区入口

P.30 大原美術館

H

M

P.40 Court Hotel Kurashiki

倉敷国際ホテル

倉敷考古館 P.33

巴士専用 P

加計美術館

美觀地區

新渓園

倉敷館 P.29

M 旅館くらしき P.40

P.32 倉敷市立自然史博物館

M

大原美術館
大原美術館分館

倉敷川遊船碼頭 P.29

倉敷幼稚園

P.33 倉敷民藝館

P.40 倉敷長春藤廣場酒店 H

中央図書館

P.29 日本鄉土玩具館

M 倉敷紡紀念館 P.34

桃太郎のからくり博物館

M

F

P.32 倉敷市立美術館

M

倉敷長春藤廣場 P.34

高砂橋

G

中央一

白壁通り

H ABTO倉敷館 P.40

往倉敷市市民會館

中央（二）

工房IKUKO

前神橋

船倉町

長運寺

中央二丁目

中央（一）

倉敷芸文館
（前倉敷館）

倉敷市藝文館 P.34

南町

M

倉敷市大山名人紀念館 P.33

岡山大学
資源生物科学研究所

文 倉敷西小学校

往倉敷市役所

船倉公園

向山

27

MAP 隨興遊逛

倉敷美觀地區

くらしきびかんちく

以大原美術館為核心，在此歷史與藝術為主題的建築物林立。發揮「玩心」的設施也務必造訪。

開始 美觀地區入口

↓ 150m 2分／ 1分

01 語らい座 大原本邸

↓ 100m 2分／ 1分

02 倉敷公民館

↓ 180m 3分／ 1分

03 倉敷館

↓ 70m 1分／ 1分

04 日本鄉土玩具館

↓ 290m 5分／ 2分

05 破流知庵倉敷

↓ 130m 2分／ 1分

06 阿智神社

HINT

步行距離 2.3km

標準遊逛時間 2小時

因為倉敷美觀地區並不是那麼廣闊，大多數為平坦道路，所以單純僅是散步只需15～20分就能逛完一圈。遊客們可沉浸於白壁或川邊的柳樹等，充滿江戶時代風情的街景。在免費休息處的倉敷館內設有投幣式寄物櫃、洗手間。雖然要爬大約有200階的樓梯才能到達建在矮山上的阿智神社，但從神社境內俯瞰的倉敷街景絕對是無與倫比。

01 語らい座 大原本邸

參觀 10分

創設大原美術館的孫三郎與總一郎誕生的古老住宅，對外開放參觀。建於江戶時代，已列為國家重要文化財。也設有書香咖啡廳可供休憩。

☎086-434-6277／岡山県倉敷市中央1-2-1／⏰9:00～17:00／休週一（逢假日則開館）、過年期間／¥500日圓

行經倉敷惠比壽通(拱廊商店街)↑往倉敷站
往倉敷站
郷土料理 浜吉 P.36
有寬闊步道到車站
煉天地 P.36
融民芸店(日用雜貨)
觀龍寺
ウエダ(咖啡)
(牛排)みやけ亭
pizzeria CONO foresta P.37
阿知(二)
阿知町商店街
奈良萬の小路
阿知南
倉敷中央通り
START
倉敷物語館
有許多白牆、土倉庫的住宅
諸国民芸 ちぐさ
橘香堂
美観地区入口
花織
(特産)瀬戸内庵
喫茶&コーヒー佐野屋
桜屋(雜貨)
くらしき美味処
手打ちそばあずみ
(點心)廣栄堂本店
P.38 大原美術館商店
P.36 café EL GRECO
(牛排)亀遊亭
2分
紅板牆的小路
01 語らい座 大原本邸
今橋
受海鼠壁和火烤板牆包夾的小路
森江商店(茶道具)
タクシー乗場
本通り
誓願寺
ギャラリーサイジ(餐具、裝飾品)
三宅会館
P.38 ギャラリーたけのこ村
鶴形山トンネル
希臘風的建築
倉敷公民館
本町
新兒島館(預計2024年底開館)
有鄰莊 P.32
(玻璃工藝、陶器)ギャラリー十露
P.36 三宅商店
お食事処
料理旅館 鶴形 P.40
4分
中國風的橋。有時會有攤販
東洋館
倉敷国際ホテル
工芸館
本館
P.37 お食事処カモ井
美麗的海鼠壁
P.30 大原美術館
北田証券
倉敷考古館 P.33
中橋
人力車
倉敷川沿岸種有柳樹，滿溢日本風情
中央(二)
加計美術館
新渓園
單片岩石撐住的拱橋。禁止汽車通行，可放心拍照
P.29 倉敷川遊船碼頭
大原美術館
往自然史博物館
03 倉敷館(観光服務處／河船泛舟售票處)
大原美術館分館
P.33 倉敷民藝館
雁木
有海鼠壁的住宅群。富商花盡心思打造的商家，外觀設計也獨具匠心
大原美術館
若竹の園
中央(一)
04 日本郷土玩具館
P.39 SIDE TERRACE
陶慶堂本店(備前燒)
P.37 備中手打ちうどんおおにし
凸凹堂(石與玻璃)
遊膳(工藝品)
星野仙一記念館
デニムストリート
倉敷市立美術館 P.32
くらや
高砂橋
中央一
P.35 ABUTO倉敷館「天領」
前神橋
往吉岡、水島
P.40 ABUTO倉敷館
往倉敷市藝文館
珈琲館
茶房井戸
桃太郎のからくり博物館
廣栄堂本店

02 參觀 30分

倉敷公民館

倉敷公民館3樓的音樂圖書室，可以聆聽到愛樂者大原總一郎的收藏。珍藏資料包括SP唱片約4300張、LP唱片約8400張等，收藏了無數的珍貴黑膠。

03 參觀 10分

倉敷館

位於倉敷川河畔的西式木造建築。現在是觀光服務處，可以拿到地圖和觀光資料。

☎086-422-0542／♥ 岡山縣倉敷市中央1-4-8／⏰ 9:00～18:00／🅿 無休／💰 免費

04 參觀 10分

日本鄉土玩具館

展示全國鄉土玩具約5000件，收藏數達4萬件之多。館內附設商店、藝廊以及咖啡廳。

☎086-422-8058／♥ 岡山縣倉敷市中央1-4-16／⏰ 10:00～17:00／🅿 元旦／💰 500日圓

05 咖啡 350日圓

破流知庵くらしき
ばるちあん

位於食材店「平翠軒」2樓，是座精緻小巧的藝廊咖啡廳。咖啡廳利用大正時期的倉庫建築來對外營業。請您邊眺望窗外富有風情的街景，同時品嘗350日圓的咖啡或350日圓的Gelateria Capri冰淇淋。

☎086-427-1147／♥ 岡山縣倉敷市本町8-8 2F／⏰ 10:00～17:00／🅿 週一、12月30日～1月3日／＊28席

06 參觀 20分

阿智神社

坐鎮於美觀地區一隅的鶴形山山頂上的古老神社。從神社的繪馬殿可將倉敷街景一覽無遺。

☎086-425-4898／♥ 岡山縣倉敷市本町12-1／⏰ 8:30～17:00／＊自由參觀

🎵 步行1分

倉敷美觀地區

1:4,180

0 ⎯⎯⎯⎯ 50m

N

周邊廣域地圖 P.27

板牆、土牆綿延的道路，古老街道綿延的地區

GOAL ●阿智神社 06

●阿知の藤

鶴形山公園

B

可眺望倉敷街景的景點

卍本栄寺

有倉敷格子，約300年前的建築

3分

俯瞰瓦屋頂的建築

日本茶咖啡廳 吉井旅館 P.40

新粋別館高田屋 料理

別館高田屋

●倉敷帆布 美觀地區店 P.39

アヴェニュウ (咖啡)

本町通り

森田酒造場

あちの郷 ままかり亭 P.35

05破流知庵くらしき (咖啡廳2樓)

倉敷一陽堂 (備前燒)

利用古老建築的烤雞店等門口狹窄的餐廳。也有古老風格的居酒屋、榻榻米店和燈籠店

本町

森田酒造場

經過居民宅門口。部分民宅擺放著盆栽

いがらしゆみこ美術館

伴手禮店密集的街道

オルゴールミゼ 愛美工房

倉紡紀念館 P.34

石磚和紅磚堆砌起高牆製酒廠的後門

M

代官所井戶跡

P.40 倉敷長春藤廣場酒店 H

●パブ赤煉瓦

室 (酒)

正門

倉敷長春藤廣場 P.34

步道狹窄且車輛多

屋 (豆腐)

白壁通り

船倉町

TEKU TEKU COLUMN

倉敷川遊船

搭乘船夫用槳划行的小舟來回倉敷川。（⏰ 9:30～17:00／🅿 3～11月第2週一停駛；12～2月僅週六日、假日運行／💰 500日圓）。船票請向倉敷館觀光服務處購買。地圖p.28-C

隨興遊逛／倉敷美觀地區

29

世界級名畫齊聚一堂

地圖 p.28-C

屬於你和大原美術館的藝術時光

即使對美術沒有鑽研的人，也似曾相識的畫作，在此齊聚一堂。光是眺望就能感受某種力量的名畫，在此就能鑑賞得到。大原美術館是個男女老少皆宜，輕鬆品味「美的世界」的空間。

倉敷名人收集的經典美術作品

此座私立美術館可稱為倉敷的代表性地標，展示著西洋與近代美術的作品，是日本第一座的美術館。倉敷紡織第二代董事長的大原孫三郎，為了紀念前一年過世的友人——西畫家兒島虎次郎的成就，於1930(昭和5)年所設立的這座美術館，在日本因收藏眾多名畫作品而聞名。

除了收藏雷諾瓦、莫內等以印象派為中心的近代西畫之外，還網羅了從古代東方美術，至國內外的近代、現代畫家等豐富的館藏。館區建築分為模仿希臘神殿建成的本館、緊鄰的分館、工藝·東洋館、以及新設施「新兒島館」（暫稱），預計2024完工。

本館為創立之時便有的最古老展覽室。館內

展示了從17世紀的艾爾·葛雷柯、19世紀的莫內與雷諾瓦等印象派，再經歷20世紀的歐美近代藝術，讓

1 描繪作者長女麗子的肖像畫《童女舞姿》 2 在本館，可以欣賞到一系列的歐美近代與現代美術

美術館創立之時便有的莊嚴希臘神殿風格本館建築

人體驗到美術歷史的變遷。主要的作品集中於本館的2樓。

位於別棟的工藝館，展示著參加了柳宗悅民藝運動的濱田庄司、或是巴納德·李奇陶藝家們的陶藝作品。以及棟方志功的版畫、芹澤銈介的染色作品等。各作家的作品分別擺放在不同的房間。建築內的裝潢，是由芹澤銈介依據各個作家的作品風格設計而成。

在東洋館，展示了從史前時代到唐朝，以中國為核心的東亞古代美術作品。如「一光三尊佛像」（北魏）、「著彩的胡人俑」（北齊）等，陳列為數眾多不容錯過的作品。

東洋館的前方，穿過日本庭園後就到了分館。這是1961(昭和36)年所建造，近代日本的西畫展覽室。除了藤島武二的《耕到天》、岸田劉生的《童女舞姿》、小出楢重的《N的家族》等作品外，還展示了梅原龍三郎等人的作品，和本館的西方美術互相呼應對照。

☎086-422-0005／⏰ 9:00～17:00 (16: 30截止入館)／🚫週一(逢假日開館)、7月下旬～8月、10月無休)、12月28日～31日／💴2000日圓

▲ 艾爾·葛雷柯《聖母領報》(本館)
畫中描繪了聖母瑪利亞,以及前來告知耶穌受胎的天使。也能見到象徵聖靈的白鴿。

▲ 高更《芳香的大地》(本館)
以獨特的鮮明色彩,栩栩如生地畫出人類與生俱來的原始生命力。

◀ 莫內《睡蓮》(本館)
畫像描繪出因太陽光、樹木影子、水面上的漣漪等,時時刻刻無不變化池面的樣貌。

▲ 米勒《格雷威爾的斷崖》(本館)
米勒的粉彩作品。直到作者晚年,這座靠近作者故鄉的斷崖無數次地出現於其畫作中。

▲ 土魯斯羅特列克
《瑪魯特X夫人的肖像-Bordeaux-》(本館)
作者晚年的作品。從女性的表情和陰影迷人的衣服描繪等方面,都可以看出氣勢的雄渾。

大原美術館

大橋家住宅
おおはしけじゅうたく

地圖 p.27-D
JR倉敷站🚶10分,大原美術館🚶3分

　　大橋家是江戶時代後期靠著開發水田、鹽田而發跡的大地主。主屋建於1796(寬政8)年,已約有220年前。主屋在內的4棟建築,是日本的重要文化財。其中,請特別留意使用懸山頂瓦製屋頂的長屋門。由於當時的一般商家不可以使用長屋門,僅鄉村武士、有姓又准配刀的富農或是村長可用,由此便可看出大橋家規格有多高了。住宅隨處可見江戶時代的模樣,包含了加強採光和通風的坪庭及寬闊土間,以及祭祀灶神的神龕、2樓正面的倉敷窗等。

📞 086-422-0007　📍 倉敷市阿知3-21-31
🕐 9:00～17:00(4～9月的週六至~18:00)
🚫 12～2月的週五、過年期間　💰 550日圓　🅿 無

倉敷市立美術館
くらしきしりつびじゅつかん

地圖 p.28-C
JR倉敷站🚶15分,大原美術館🚶3分

　　將1980(昭和55)年之前作為市政府使用的建築改裝而成的美術館。誠如設計人丹下健三所言,「以日本繩文式傳統混凝土來呈現」,是採用混凝土的清水模方式來呈現其雄偉規模。館內主要展示和倉敷相關畫家的作品,包括以畫風洋溢著詩情而聞名的日本畫家池田遙邨的《森林之歌》、《閑》,以及坂田一男作的《構成》等。

📞 086-425-6034　📍 倉敷市中央2-6-1
🕐 9:00～17:15(入館至16:45)
🚫 週一(逢假日則翌日休)
💰 藏品展210日圓(特別展費用不同)
🅿 無

倉敷市立自然史博物館
くらしきしりつしぜんしはくぶつかん

地圖 p.27-F
JR倉敷站🚶15分,大原美術館🚶3分

　　為了對岡山縣的自然環境有更深的理解而設立,是中國四國地方的第一座自然史博物館。1樓是倉敷的化石動物;2樓展示著岡山縣內挖掘的種種化石、亞洲黑熊、鱀等岡山縣的動物與昆蟲。3樓則是植物展示與特別展會場。

📞 086-425-6037　📍 倉敷市中央2-6-1
🕐 9:00～17:15(入館至16:45)
🚫 週一(逢假日則翌日休)　💰 150日圓
🅿 使用市營🅿150輛

有鄰莊
ゆうりんそう

地圖 p.28-A
JR倉敷站🚶15分,大原美術館🚶1分

　　大原美術館的創設者大原孫三郎,為了自己

夫人所建造的別墅。目前只有在每年的春秋季2次，會由大原美術館舉辦特別展才對外開放。因為屋瓦有著鮮豔的綠色，在當地又以「綠御殿」的別稱而聞名。

大原美術館 📞 086-422-0005
📍 倉敷市中央1-3-18
＊僅能參觀外觀 🅿 無

倉敷民藝館
くらしきみんげいかん

地圖 p.28-C
JR倉敷站🚶15分，大原美術館🚶2分

改裝自江戶後期的穀倉，於1948（昭和23）年開館的民藝館。為了推廣美好生活的概念，除了日本國內，也展示了來自世界各國合計700件的民藝品。館內收藏了陶瓷品、玻璃、染織品以及籠筐等合計15000件物品。

📞 086-422-1637 📍 倉敷市中央1-4-11
🕐 9:00～17:00（入館至16:45）
※12～2月至16:15（入館至16:00）
🈺 週一（逢假日則開館） 💴 1200日圓 🅿 無

倉敷考古館
くらしきこうこかん

地圖 p.28-C
JR倉敷站🚶15分，大原美術館🚶2分

以江戶時代兩層樓的土牆穀倉改建而成的建築。岡山縣和廣島縣的東半部地區昔稱吉備，以優良的文化盛極一時。館內展示許多考古學資料，包括舊石器時代到繩文、彌生、古墳等歷史時代的石器、骨角器、陶器、青銅器、鐵器，以及岡山大量出土的陶棺等等。另有古代南美印加帝國以前秘魯的陶器。自然光線射進來的2樓展示室，仍保留有當年倉庫的味道。

📞 086-422-1542 📍 倉敷市中央1-3-13
🕐 9:00～17:00
（12月～2月至16:30，入館至30分前）
🈺 週一二（逢假日則開館）、
12月27日～1月2日 💴 500日圓 🅿 無

倉敷市大山名人紀念館
くらしきしおおやまめいじんきねんかん

地圖 p.27-G
JR倉敷站🚶15分，大原美術館🚶6分

位於倉敷市藝文館一角，為紀念勇奪眾多頭銜，成為十五世名人的將棋棋士大山康晴的光榮事蹟而建。入口正面是大山名人的銅像。館內珍藏優勝獎盃、名人親筆的書法、陶板、飾盤，與對局照片、棋袋（名人母親親手縫製）等，以及他的註冊商標眼鏡。鋪著榻榻米的自由對局區，是中小學生及成人的將棋教室，有時也會有職業棋士開設特別講座。

📞 086-434-0003 📍 倉敷市中央1-18-1
🕐 9:00～17:15
🈺 週三（逢假日則翌日休）、12月29日～1月3日
💴 免費 🅿 使用藝文館地下🅿（收費）

倉敷市藝文館

くらしきしげいぶんかん

地圖 p.27-G
JR倉敷站🚶20分、大原美術館🚶5分

　倉敷川河畔街區上設立的大會堂設施，本身就是一個新的藝術作品。特色為直線曲線多重交錯設計的摩登建築，外觀是以倉庫為藍圖所設計。主要舉行戲劇和音樂會。占地寬廣，林木掩映綠意盎然的美麗廣場，最適合散步。

🕿 086-434-0400
📍 倉敷市中央 1-18-1
🕐 9:00〜22:00
🈺 週三(逢假日則翌日休)
🅿 無

倉敷長春藤廣場

くらしきアイビースクエア

地圖 p.29-D
JR倉敷站🚶15分、大原美術館🚶8分

　改建明治時代的倉敷紡織工廠，於1974年(昭和49)年完工的獨特設施。將爬滿紅磚牆壁的長春藤，與中央的地標廣場合而為一，命名為「長春藤廣場」。以3個工房(交房、工房、考房)為概念，內有「愛美工房」、「倉紡紀念館」等文化設施。附設餐廳、飯店(參考p.40)、音樂盒商店等。

●倉紡紀念館

　將1888年起的倉敷紡績歷史以書面、照片、模型和繪畫等方式展出。特別是第5室會上映大正時代的倉紡電影部影片(播放時間為不到5分鐘)，保存狀態良好，值得前來一看。

🕿 086-422-0011(常春藤廣場)
🕐 10:00〜16:00(入館至15:30)
🈺 無休(檢查維修時休)　¥ 300日圓
地圖 p.29-D

常春藤廣場 🕿 086-422-0011(代表)
📍 倉敷市本町 7-1
🕐 🈺 ¥ 視設施而異　🅿 120輛

TEKU TEKU COLUMN

享受倉敷購物樂趣

　倉敷站北口附近，有不少的購物與美食設施。「三井Outlet Park 倉敷」(10：00〜20：00)當中，可以購買到各式各樣，便宜的流行名牌商品。而在「Ario倉敷」(10:00〜21:00)，設有不少當地老字號和菓子、或是岡山縣產水果甜品店等店鋪。兩座購物設施皆緊鄰著倉敷未來公園。　地圖 p.26-A

TEKU TEKU COLUMN

預計2024年開設「新兒島館」

　作為公開兒島虎次郎收集的埃及、西亞美術品的展場，正在改裝本通上的舊中國銀行倉敷本町出張所。原本計畫2022年開設，但受到疫情影響而延後，預計2024年盛大開幕，詳情請洽大原美術館 🕿 086-422-0005。HP https://www.ohara.or.jp/

在有味道的建築品嘗頂級料理

一起品嘗倉庫美食吧

江戶時代由中央直轄而繁榮一時的倉敷，現在仍然保留了許多有著白牆圍著的倉庫建築，以及有著倉敷窗、細木柵的商家建築。就在這些有味道的建築裡，一同享受頂級美食吧。

八間蔵
はちけんぐら

　倉敷皇家藝術酒店的別館，將隔壁的大橋家八間蔵改裝而成的餐廳。可以享用使用瀨戶內產時令食材烹製的法式料理。推薦季節性套餐。在藝術季節的秋季，還有以名作收藏為靈感的菜餚。

倉庫Check!
為了撐住很重的瓦屋頂，穀倉的柱和樑都使用了粗而結實的原木。

📞 086-423-2122
📍 岡山県倉敷市阿知3-21-9
🕐 11:30～14:30 (13:30LO)、
　17:30～21:30 (20:30LO)
😊 無休　＊50席　🅿 30輛
地圖p.27-D／JR倉敷站🚶10分、大原美術館🚶3分

あちの郷ままかり亭
あちのさとままかりてい

　此餐廳改裝自擁有180年歷史的穀倉，可以品嘗到乙島和玉島的蝦蛄、下津井的章魚、寄島的馬加魚等瀨戶內海產的海鮮。人氣菜色是借飯魚定食2750日圓。

倉庫Check!
夏涼冬暖的土倉庫式建築。牆壁上的瓷磚貼法也各異其趣

📞 086-427-7112／📍 岡山県倉敷市本町3-12／🕐 11:00～14:00、17:00～22:00／😊 週一 (逢假日則營業)／＊43席／🅿 無／地圖p.29-D／大原美術館🚶3分

ABUTO倉敷館「天領」
あぶとくらしきかん「てんりょう」

　將百年歷史的帶倉庫民宅改裝而成的割烹料理餐廳。推薦使用簽約漁民撈捕的新鮮魚貨調理而成的海鮮全餐。另外，如清蒸鯛魚頭1100日圓起、黃金烤龍蝦1100日圓等，單點菜色也豐富多元。

倉庫Check!
將窗戶遮住一半的親付切子格子，是倉庫建築的特色

📞 086-434-8055／📍 岡山県倉敷市本町5-15／🕐 11:00～15:00、17:00～22:00／😊 不定／＊80席／🅿 6輛／地圖p.28-C／大原美術館🚶3分

美食

義大利餐廳

煉天地
れんてんち

地圖 p.28-A
JR倉敷站🚶6分

1978(昭和53)年創業的義大利餐廳。可以品嘗到西西里菜等正統義大利鄉土菜色。葡萄酒(整瓶2600日圓起)也常備有120種以上,任君挑選。人氣的菜色有寄島產海瓜子義大利麵1760日圓,另有午間套餐1100日圓起。

📞 086-421-7858
📍 倉敷市阿知2-19-18
🕐 11:30~14:00、18:00~22:00
🈺 週二(元旦除外)　＊34席
🅿 無

咖啡廳

三宅商店
みやけしょうてん

地圖 p.28-A
JR倉敷站🚶15分

建於江戶時代的商家直接作為咖啡廳使用。使用以焙茶煮熟的蘋果,再加上2種冰淇淋的蘋果聖代1045日圓(11月上旬~12月上旬限定)等,推薦點份最受歡迎的當季水果聖代。

📞 086-426-4600
📍 倉敷市本町3-11
🕐 11:30~17:30(週六11:00~19:30、週日8:30~17:30)
🈺 無休　＊35席　🅿 無

鄉土料理

鄉土料理 浜吉
きょうどりょうり はまよし

地圖 p.28-A
JR倉敷站🚶8分

除借飯魚、石狗公料理外,還選用各式以瀨戶內等地捕獲的天然魚類為食材的鄉土料理店。借飯魚定食2750日圓,除生魚片、醋醃借飯魚之外,還附上名產借飯魚壽司。

📞 086-421-3430
📍 倉敷市阿知2-19-30
🕐 11:30~14:00、17:00~22:00
🈺 週一　＊57席　🅿 2輛

咖啡廳

café EL GRECO
エル・グレコ

地圖 p.28-A
JR倉敷站🚶12分

位於大原美術館旁,長春藤纏繞的外觀讓人印象深刻。1959(昭和34)年利用大正末期建築物開業。除了咖啡、紅茶各720日圓外,另有長崎蛋糕450日圓、生乳酪蛋糕660日圓等。遊覽倉敷時必定造訪的死忠支持者頗多。

📞 086-422-0297
📍 倉敷市中央1-1-11
🕐 10:00~17:00
🈺 週一(逢假日則營業)
＊40席　🅿 無

鯛魚茶泡飯

お食事処 鶴形
おしょくじどころ つるがた

地圖 p.28-A
JR倉敷站🚶14分

料理旅館鶴形的日本料理餐廳。位於倉敷川畔,當地人也經常光顧,尤其是鯛魚茶泡飯1800日圓,是將瀨戶內海鯛魚仔細處理後,加入自製醬汁的獨家菜色。為了徹底釋放鯛魚美味,還使用「上青柳」茶,可見店家講究。淋上滿滿的茶悶住15秒,再一口氣趁機吃完,據說這是行家吃法。

📞 086-424-1635
📍 倉敷市中央1-3-15
🕐 11:00~14:00
　(目前僅提供午餐)
🈺 週一(逢假日則營業)
＊30席　🅿 無

旅館くらしき
りょかんくらしき

地圖 p.28-C
JR倉敷站🚶15分

旅館的餐廳部門，因可以享用到使用大量當季食材的午餐而備受好評。最受歡迎的菜色是四季變換菜色的散步道御膳2035日圓。雙層式食盒裡，有烤物、炸物、生魚片等12道小盤料理。

☎ 086-422-0730
📍 倉敷市本町4-1
🕐 11:00～17:00
（午餐為14:00LO）
休 平日週一　＊42席　Ｐ無

お食事処カモ井
おしょくじどころかもい

地圖 p.28-A
JR倉敷站🚶13分

利用江戶時代興建的帶倉庫民宅改裝營業的餐廳。可以觀賞眼前的倉敷川美景放鬆身心。人氣菜色為借飯魚定食1870日圓，內容有烤物、生魚片、散

壽司以及主菜等。附抹茶冰淇淋的日式聖代880日圓、或是鮮奶油蜜豆880日圓等甜品類也很多元。

☎ 086-422-0606
📍 倉敷市中央1-3-17
🕐 10:00～18:00 (17:20LO)
休 週三、第2週一（第2週三則營業）
＊130席　Ｐ無

atelier & salon はしまや

地圖 p.143-G
西大寺町電車站🚶20分

東町古色古香的建築物之一，是由Hashimaya和服店的舊穀倉改裝而成的沙龍。咖啡與紅茶各600日圓、抹茶戚風蛋糕700日圓，另有季節限定品項登場。也會舉辦畫廊展示等活動。

☎ 086-451-1040
📍 倉敷市東町1-20
🕐 11:30～16:00
休 週二
＊30席　Ｐ無

pizzeria CONO foresta
ピッツェリア コノ フォレスタ

地圖 p.28-A
西大寺町電車站🚶15分

在此可品嘗到由義大利拿坡里製窯所烤出的道地披薩。可選擇由90年前的日本住宅所改裝成饒富風味的店內座位，或是寬敞且綠意盎然的露天陽台座位。除

了有瑪格莉特披薩、店家原創桃太郎披薩外，也有卡布里沙拉或是西班牙橄欖油蒜蝦等種類豐富的前菜。午餐附飲料1580日圓起，＋350日圓附甜點。

☎ 086-423-6021
📍 倉敷市阿知2-23-9
🕐 8:45-21:30
休 視情況而定
＊48席　Ｐ無

備中手打ちうどん おおにし
びっちゅうてうちうどん おおにし

地圖 p.28-C
倉敷站🚶15分

堅持用手打製成的烏龍麵，有著彈牙的口感。倉敷名料理的濃湯烏龍麵900日圓（照片），上面放有大量的炸麵衣、海苔、蔥、生薑、柴魚片和鵪鶉鳥蛋。另外，還有山藥泥冷烏龍麵950日圓，附餐鯖魚壽司2個350日圓、稻荷壽司2個300日圓也值得品嘗。

☎ 086-422-8134
📍 倉敷市本町5-29
🕐 10:00～17:00
休 不定休　＊30席　Ｐ無

古色古香街區裡的時尚雜物

倉敷的精選伴手禮

Ⓐ **樹脂磁鐵　各 770 日圓**

Ⓐ **迷你畫　1430 日圓**

放有兒島虎次郎作品《睡著的幼年模特兒》迷你版畫作的相框

將大原美術館代表性的收藏品設計成磁鐵。①兒島虎次郎《穿和服的比利時少女》、②莫內《睡蓮》、③莫迪利亞尼《珍妮‧赫布特尼肖像》

Ⓑ **筷架**
1 個 530 日圓

有趣表情的魚型筷架共有35種。找找自己喜歡的吧

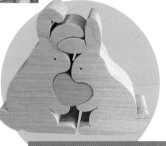

Ⓒ **兔子情侶與愛心（M）**
3080 日圓

設籍倉敷的拼木作家小黑三郎的作品。另有當年生肖圖案的作品

Ⓐ **大原美術館商店**
おおはらびじゅつかんミュージアムショップ

除了圖錄和複製品之外，還有許多美術館收藏繪畫的平價印刷商品。

☎ 086-422-0005／🅿 岡山縣倉敷市中央 1-1-15／🕘 9:00～17:15／🈺 週一（準同大原美術館，參照 p.30）／🅿 無／地圖 p.28-A

Ⓑ **ギャラリー
たけのこ村**
ギャラリーたけのこむら

販賣自營陶窯燒製的備前燒。繩文紋理的咖啡杯 1 個 5800 日圓和花器 1390 日圓等都很受歡迎。

☎ 086-426-0820／🅿 岡山縣倉敷市阿知 2-25-31／🕘 8:00～17:00／🈺 無休／🅿 無／地圖 p.28-A

Ⓒ **伊勢屋**
いせや

不論是兒童或成人都可玩樂的拼木玩具店。包含當地作家的作品等豐富的品項，光挑選都是件愉快的事。

☎ 086-426-1383／🅿 岡山縣倉敷市本町 4-5／🕘 9:00～18:00／🈺 週一（逢假日則翌日休）／🅿 無／地圖 p.29-D

傳統的倉敷玻璃製品，以及鄉土作家精心的作品等，光是觀賞都能心情愉悅的小物。買給自己當然很好，作為禮品也能賓主盡歡。來到了倉敷，就好好挑選倉敷特有的各種伴手禮吧。

Ⓓ 倉屋玻璃 小谷榮次
小碗 2350 日圓

小谷真三與小谷榮次製作的口吹玻璃。被稱為「小谷藍」的深藍色令人印象深刻

Ⓔ 香檬利口酒
瀨戶內海 Blue Heaven
（200ml）1100 日圓

以生口島的能勢農場以低農藥生檬製作的利口酒。冷藏後直接喝或以蘇打水兌來喝都很美味

Ⓕ 托特包 小（橫）4400 日圓

能直接感受帆布優點的設計。設計成很方便使用的尺寸，稍微出門一下或當午餐袋都能用。

Ⓔ 新橋藍（500ml）4110 日圓
森田酒廠釀造的純米酒。使用顏色漂亮的吹玻璃容器盛裝。

Ⓓ 日本鄉土玩具館
SIDE TERRACE

店面鋪設落地窗對著中庭。從倉敷玻璃到玻璃器皿、陶器、漆器、日常會用到的器皿等，桌上物品應有盡有。

📞086-422-8058（平日10:00～17:00）／♀岡山縣倉敷市中央1-4-16／🕐10:00～18:00／🈺元旦／🅿無／地圖p.28-C

Ⓔ 平翠軒
へいすいけん

森田酒造公司旁的特產直銷商店。店內除了有各式各樣的酒類外，也陳列著店主精心收集的各種調味料。

📞086-427-1147／♀岡山縣倉敷市本町8-8／🕐10:00～18:00（週一13:00～17:00）／🈺週一上午／🅿3輛／地圖p.29-B

Ⓕ 倉敷帆布
美觀地區店
バイストンびかんちくてん

帆布紡織工廠的直營店。倉敷帆布的日本全國市占率高達7成。最受歡迎的是愈用愈有味道的包包類。

📞086-435-3553／♀岡山縣倉敷市本町11-33／🕐10:00～17:00／🈺過年期間／🅿無／地圖p.29-B

住宿指南

Court Hotel Kurashiki コートホテル倉敷	♪086-425-5100／地圖p.27-F／Ⓦ3400日圓～、Ⓣ3400日圓～ ●客房設計以世界庭園為主題，能在此悠閒放鬆。
料理旅館 鶴形	♪086-424-1635／地圖p.28-A／1泊2食21800日圓～ ●以大量使用山產與海味的料理自豪的隱蔽宿泊。
吉井旅館	♪086-422-0118／地圖p.29-B／1泊2食23000日圓～ ●此間割烹旅館老店使用了江戶時代留下來的房子。
阿帕酒店（倉敷站前） アパホテル〈倉敷駅前〉	♪086-426-1111／地圖p.27-D／Ⓢ15000日圓～、Ⓣ30000日圓～ ●位在JR倉敷站前步行1分鐘處，地點絕佳。平易近人的價格也很吸引人。
旅館くらしき	♪086-422-0730／地圖p.28-C／1泊2食32000日圓～ ●改裝江戶時代的建築與倉庫，富含意趣的和風老旅館。
倉敷長春藤廣場酒店 倉敷アイビースクエア	♪086-422-0011／地圖p.29-D／Ⓣ單人5700日圓～、Ⓣ13000日圓～ ●境內有餐廳跟文化設施，客房為歐洲風。
ABUTO倉敷館 あぶと倉敷館	♪086-434-8038／地圖p.28-C／1泊2食24650日圓～ ●留有倉庫風情的旅宿，能品嘗到瀨戶內海四季不同的美味。
倉敷站前 Universal Hotel 倉敷駅前 ユニバーサルホテル	♪086-434-0111／地圖p27-F／Ⓢ4890日圓～、Ⓣ7980日圓～ ●附自助式早餐跟每月更換的定食晚餐。泡溫泉免費。
岡山格蘭比亞飯店 ホテルグランヴィア岡山	♪086-234-7000／地圖p.16-A／Ⓢ7000日圓～、Ⓣ12600日圓～ ●直通JR岡山站，便於觀光。全房間都可免費使用Wi-Fi。
Okayama View Hotel 岡山ビューホテル	♪086-224-2000／地圖p16-D／Ⓢ6200日圓～、Ⓣ11800日圓～ ●就位在岡山市區，岡山城跟後樂園步行可到，地點方便。
Regalo Hotel Okayama レガロホテル岡山	♪086-235-6300／地圖p.16-A／Ⓢ5500日圓～、Ⓣ9200日圓～ ●提供許多划算的住宿方案。免費的早餐Buffet也很受歡迎。
Okayama Square Hotel 岡山スクエアホテル	♪086-232-1101／地圖p.16-C／Ⓦ單人3800日圓～、Ⓦ6200日圓～ ●從田町電車站步行3分可到，離鬧區也近。附免費早餐。

TEKU TEKU COLUMN

日本國產牛仔褲就是發祥於岡山！
兒島牛仔褲

　　岡山縣的兒島地區從以往就是蓬勃發展織維產業，並且長期傳承了縫製等技術的地方。尤其是，於1965(昭和40)年在日本國內發售了第一條牛仔褲之後，就以日本國產牛仔褲的發祥之地而聞名。

　　從岡山站搭乘特急列車22分，再從兒島站步行15分，就可到達有著眾多牛仔褲製作直營店的兒島牛仔褲街，這裡分為南區與西區，共有29家店鋪。街上有販售丹寧雜貨的JEANZOO（10:00~18:00）、販賣工作褲的HIGH ROCK（10:00~18:00）、

堅持織染技術品質的桃太郎牛仔褲兒島味野本店（10:00~19:00）等店鋪，請在這裡尋找富有個性的精品吧。地圖p.143-G

尾道
吳

尾道

尾道水道對面便是向島

鑽過狹窄的小路，從民宅之間都看得到海的城鎮

受惠於瀨戶內海沿岸的溫暖氣候，與風光明媚的土地，尾道是吸引眾多文人墨客到訪，留下許多足跡的坡道城。尾道的地標千光寺山，矗立在車站後方。市區從山頂向下朝尾道水道延伸開來，坡道、石階特多也是特色。25座寺院分布在長2.8km的道路兩旁，是信仰虔誠之地。尾道出身大林宣彥導演在此拍攝的電影作品等，電影相關景點巡禮也頗受青睞。

HINT

前往尾道的方法

●搭乘飛機時

從廣島機場搭乘開往三原的接駁巴士，在三原站轉搭山陽本線前往尾道站。另外也可以搭巴士到白市站轉乘，但白市站到尾道的班次少於三原站，請注意。

●搭乘火車時

東京、名古屋出發，搭乘希望號、光號，在福山轉搭山陽本線比較快。大阪出發，同樣搭希望號、光號在福山轉車，或搭回聲號到新尾張站，再轉搭開往尾道站的巴士，但兩者所需的時間差不多。

●搭乘高速巴士時

東京出發，新宿站西口有夜間高速巴士行駛。白天的高速巴士班次除大阪、神戶之外，另有今治、廣島、松山出發的巴士可達。

觀光交通詢問處

尾道市觀光課
☎0848-38-9184～5
尾道站觀光服務處
☎0848-20-0005
尾道觀光協會
☎0848-36-5495
JR西日本
☎0570-00-2486
新宿～尾道
小田急巴士預約中心
☎03-5438-8511
中國巴士
☎084-954-9700
近鐵高速巴士預約中心
（大阪～尾道）
☎0570-001631
中國巴士尾道營業所
機場連絡巴士）
☎0848-48-2211
onomichi bus
（新尾道～尾道）
☎0848-46-4301
租賃自行車
（尾道觀光協會）
☎0848-36-5495
備三計程車
☎0848-37-2800

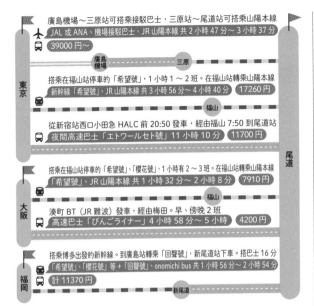

廣島機場～三原站可搭乘接駁巴士,三原站～尾道站可搭乘山陽本線
✈🚌 JAL 或 ANA,機場接駁巴士,JR山陽本線 共 2 小時 47 分～ 3 小時 37 分
39000 円～

東京

搭乘在福山站停車的「希望號」,1 小時 1 ~ 2 班。在福山站轉乘山陽本線
🚄 新幹線「希望號」、JR山陽本線 共 3 小時 56 分～ 4 小時 40 分　17260 円

從新宿站西口小田急 HALC 前 20:50 發車,經由福山 7:50 到尾道站
🚌 夜間高速巴士「エトワールセト號」11 小時 10 分　11700 円

大阪

搭乘在福山站停車的「希望號」、「櫻花號」,1 小時有 2 ~ 3 班。在福山站轉乘山陽本線
🚄 「希望號」、JR山陽本線 共 1 小時 32 分～ 2 小時 8 分　7910 円

湊町 BT(JR 難波)發車,經由梅田。早、傍晚 2 班
🚌 高速巴士「びんごライナー」4 小時 58 分～ 5 小時　4200 円

福岡

搭乘博多出發的新幹線。到廣島站轉乘「回聲號」,新尾道站下車。搭巴士 16 分
🚌 「希望號」、「櫻花號」等＋「回聲號」,onomichi bus 共 1 小時 56 分～ 2 小時 54 分
計 11370 円

POINT

遊覽順序的小提示·抵達的第一步

●抵達尾道站後

索取觀光資訊…尾道站內的觀光服務處(地圖p.46-A)內,可以取得尾道觀光導覽圖、尾道美食地圖、尾道外景地導覽圖等的觀光資訊。

搭乘巴士…凡是會在最靠近千山寺纜車的長江口巴士站停車的路線,乘車處都有纜車標誌。1 號、5 號乘車處開出的巴士,有許多會行經長江口。往新尾道站,在 3、4 號搭車。

搭乘觀光計程車…2 小時 30 分方案為 14000 日圓(中型車)。從尾道站逛到林芙美子之碑、西國寺、淨土寺等景點。另外也有 1 小時～4 小時的方案可選。包租費用大約是 1 小時普通小客車 5600 日圓、大型車 7200 日圓。

●從尾道站開始移動

漫步古寺巡禮路線…探訪尾道站到淨土寺之間古寺的路線。出尾道站向東走的國道 2 號線約 3 分就抵達的林芙美子像,是路線的起點。沿路備有完善的路標、指示板,鋪石路面也頗好走,但長的石階與小坡道不少,需要上上下下。全程約需 3 小時 30 分。

電影外景地巡禮…尾道市出身的導演大林宣彥,以尾道市街為主要拍攝場景的《轉校生》、《穿越時空的少女》等外景分布在市內各地。觀光服務處等地備有外景地導覽地圖。

尾道

尾道周遊券

onomichi bus1 日乘車券與千光寺山纜車的來回划算套票為 1000 日圓。若購買這張,便能享有尾道電影資料館、淨土寺等觀光設施的門票或參觀費折扣,可在尾道站觀光服務處或尾道交流館 1F 的尾道站前巴士中心等地買到。在空中纜車售票處是沒有販售的,請特別留意。請至 https://onomichibus. jp/route-bus/unchinhyo/ 洽詢。

租賃自行車

尾道港的尾道綠山飯店旁邊有家尾道港自行車租借中心,1 日 3000 日圓。也備有電動自行車,1 日 4000 日圓。

觀光導覽

由當地銀髮人材中心的導遊進行詳細的解說,頗受歡迎。費用 2 小時以內 3000 日圓。每增加一小時追加 1000 日圓。5 天前截止預約。預約時間 8:30～17:30,週六、日、假日除外。欲了解詳情請洽官網 https://onomichi-sjc.jp/

尾道的迷你美術館

●尾道市立美術館

　位於千光寺公園的美術館。由安藤忠雄所設計，附設可一覽尾道水道景緻的露台咖啡區。

☎ 0848-23-2281　♀ 尾道市西土堂町17-19
🕘 9:00～17:00（入館至16:30）
㊡ 週一（逢假日則開館）
💴 視展覽而異
🅿 使用千光寺🅿（收費）　地圖p.44-B
千光寺山空中纜車山頂站🚶 3分

●MOU 尾道市立大學美術館

　尾道市立大學的附屬美術館。主要舉辦大學美術系企劃的展覽，可在此欣賞到教職員、畢業生及在校學生們充滿豐富個性的藝術作品。

☎ 0848-20-7831　♀ 尾道市久保3-4-11
🕘 10:00～18:00（逢假日則開館）
㊡ 週三、四（逢假日則開館）
💴 免費　🅿 5 輛　地圖p.45-H
JR尾道站🚌onomichi bus5分，♀浄土寺下車
🚶3分

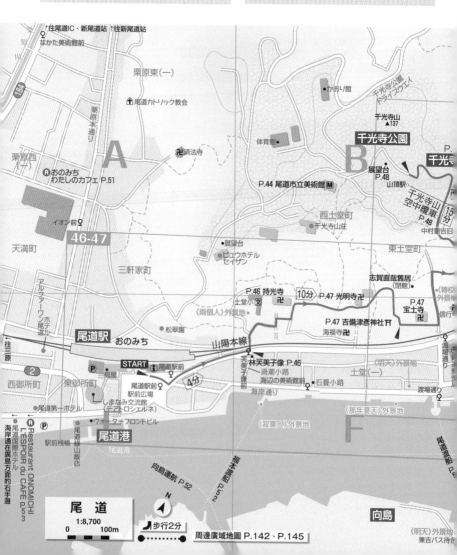

派送新鮮魚貨的「晚寄桑」

　　用手推車載著海鮮，到商店街、渡船頭等處叫賣魚獲的人，稱為「晚寄桑」。以前稱呼接近(=寄)傍晚時分來賣魚的人為「晚寄」，是這個名稱的由來。當時沿街叫賣魚獲是漁夫老婆的工作，她們棄市場而在街頭叫賣的手法，逐漸獲得認同。而最近一大早就叫賣的人開始增加。種類包含近海捕獲的黑鯛、章魚、鯛魚、鯒魚、鰈魚等。也有人銷售尾道名產「出部羅(小20片1000日圓左右)」。出部羅就是太陽曬乾後的小比目魚乾，用鎚子輕輕敲打之

■推車在商店街等地販賣出部羅　❷在海岸邊沿途，可以看到晚寄桑在加工章魚乾商品的樣子

後，再烤來食用。

尾道古寺巡禮

おのみちこじめぐり

從平安時代至今，尾道一直是繁榮的港口城市。在面海的山麓上，有著無數的小路縱橫交錯；這一帶也留有許多過往豪商為了祈求航海安全，而競相捐贈成立的古寺。尾道的生活與風情都可以在這些小路上看到。

開始	尾道站
↓270m 🚶 4分	
01	林芙美子像
↓200m 🚶 5分	
02	持光寺
↓240m 🚶 3分	
03	AIR CAFÉ
↓40m 🚶 1分	
04	光明寺
↓80m 🚶 1分	
05	Marton
↓200m 🚶 3分	
06	吉備津彥神社
↓100m 🚶 2分	
07	寶土寺
↓100m 🚶 2分	
08	千光寺新道
↓200m 🚶 4分	
09	昇福亭 千光寺道店
↓20m 🚶 1分	
10	天寧寺
800m 🚶 15分 ↓160m 🚶 2分	
11	千光寺新道
↓所需3分	
12	展望台
↓500m 🚶 8分	
13	文學小道
↓100m 🚶 2分	
14	千光寺
↓200m 🚶 3分	
15	貓之細道
↓400m 🚶 7分	
16	艮神社
↓700m 🚶 9分	
17	御袖天滿宮

HINT

步行距離
4.4km

標準遊逛時間
3小時30分

在尾道存在著好幾個志工導覽的團體。在「光パートナー尾道の会」，每週六的13:30會舉辦「DISCOVERY WEST健行～繽紛尾道的古寺・文學散步路線」的活動。在約2小時的路線內參觀每座寺院。

需繳交導遊1名2000日圓的交通費，一週前截止預約(尾道觀光協會https://www.ononavi.jp/)。

02 參觀 20分

持光寺
じこうじ

持光寺是淨土宗的寺廟，獨具一格的石造山門是此寺的特徵。梅雨時期繡球花會遍地綻放，吸引眾多遊客來訪。可花費1500日圓體驗泥巴製作佛像的「握佛」，將心願寄託在黏土上捏成佛像刻上顏面後，住持會做入魂法事，入窯燒好後寄到飯店(國際運送需洽詢)。

☎ 0848-23-2411
📍 広島県尾道市西土堂9-2
🕐 9:00～16:30 💰 300日圓

三軒家町

尾道① 1:5,100
0 ────── 100m

周邊廣域地圖 P.44-45

🚶 步行2分

懷舊電影內上映精選好片

東御所町
A START
尾道站
置物櫃
觀光服務處
ℹ P.43

市營 P
ベルポール
駐車場
往三原
福屋 計程車搭乘處
しまなみバス
しまなみ交流館
(テアトロシネルネ)
おのみちバス案内所
(長江口)
站前廣場
(巴士搭乘處)
(新尾道)
尾道ラーメン
朱華園
シネマ尾道
しまなみ
交流館前
✕交番 (新尾道)
(長江口・④)
尾道さくらホテル
(しまなみ海道・今治)
港灣綠地
🚻トイレ
尾道綠山飯店
公園內沿海處有港灣步道
尾道ウォーターフロントビル
尾道港自行車
租借中心
站前渡船
渡輪搭乘處
站前棧橋
(備後商船搭乘處)
尾道港 向島運航 P.52 所需5分、100日

01 參觀 5分

林芙美子像
はやしふみこぞう

以童年在尾道度過，和尾道淵源極深的作家林芙美子為形象所建的像。

03 當季的果汁 400日圓

AIR CAFÉ
エア カフェ

將過去作為地區集會所的光明寺會館，改裝而成的咖啡廳兼藝廊。可以品嘗到加入以當令水果手工製成糖漿的當令果汁500日圓。店內也有提供特製漢堡等輕食。

☎ 0848-51-5717 ／ 📍広島県尾道市東土堂町2-1 ／ 🕐11:00～18:00 ／ 🈺週二～四／＊12席

04
參觀 20分

光明寺
こうみょうじ

據說是平安初期，由慈覺大師圓仁創建的寺院。室町時代成為了村上水軍的信仰中心。寶物殿收藏了木造千手觀音立像（浪分觀音）等文物。需事先申請（入殿費400日圓）才能入殿參觀。寺院境內可見到樹齡400年的黑松樹。

☎ 0848-22-7269
♀ 広島県尾道市東土堂町2-8
＊自由參觀

05
貓型的串珠胸飾 1000日圓

Marton
マートン

販售由店主和全日本作家手工製作的泰迪熊和雜貨。由民宅改建而成的店面，完全融入周邊景觀，氣氛沉穩舒適。本店原創的泰迪熊為15000日圓，可藉由店家官網上訂購。

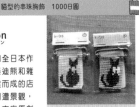

☎ 090-7857-4561
♀ 広島県尾道市東土堂町7-5
🕐 13:00～17:00
（11～2月營業至日落）
🈺 不定休

P.48・50 帆雨亭
●展望台
●ビュウホテルセイザン
●Marton 05
（閉館）志賀直哉舊居
都わすれ
→往P.48
土堂小学校 文
02 持光寺
西土堂町
トイレ
04 光明寺
10分
石門
一階井戸
二階井戸
土堂公民館
03 AIR CAFÉ
海福寺 卍
急斜面に延びる石段
07 寶土寺
千光寺新道
信行寺
卍
3分
土堂2
尾道局
B
山陽本線
06 吉備津彦神社
渡場通り
C
美美子像前
P.55 Primitive moire
天美子像前
もみじ
渡場通り
うす潮橋
本通り一番街
尾道中央商店街アーケード
P.53 天狗寿司
本町センター街
尾道局
渦潮小路
とどあん
桂馬蒲鉾商店 P.54
P.55 尾道帆布鞄 彩工房
4分
ふみ喰い処ぶち草
伊予屋
林芙美子像 01
土堂（一）
石疊小路
三井住友
三井住友
P.54 保広
尾道商業会議所記念館
尾道市立大学サテライトスタジオ
渡場通り
じまなみ信金
尾道ラーメン喰海 R
P.53
海辺の美術館前
せと珍味
石疊小路
麥賣場
P.53 からさわ R
浮御堂小路
海岸通り
雁木
福本渡船フェリー乗場
S
沿街有許多海鮮料理店、海鮮土產店
すし処絲魚
尾道渡船フェリー乗場
福本渡船～港灣綠地有親水護岸，便於散步
トイレ
親水步道在漁船停靠處旁邊
P.52 尾道渡船
所需3分、100日圓
尾道水道

06
參觀 10分

吉備津彦神社

位於寶土寺占地內的神社。每到秋天舉行的「尾道神鬼祭」，三位帶著鬼面具的神官會追著小孩子們跑，用手上用手上的「竹帚」或「祝棒」敲打或戳頭，是為了祈求平安長大和身體健康的奇異祭典。

☎ 0848-22-5545
♀ 広島県尾道市東土堂9-16
／＊自由參觀

07
參觀 20分

寶土寺

據傳由融海意觀於貞和年間（1345～1349年）所興建的寺院。據稱是融海墓地的五輪塔值得一見。面海的寬闊占地內有極佳的視野，可將尾道市區到尾道水道對面的向島都一覽無遺，是遊逛途中的最佳休憩地點。

☎ 0848-22-4085 ／♀ 広島県尾道市東土堂町10-3／＊自由參觀

08 散步 5分

千光寺新道
せんこうじしんどう

很陡的石階旁有高大石垣和板牆的民宅，以及寬廣的轉角等富有變化的道路。回頭向下一看，隔著尾道水道往坡道盡頭可見海和吊車。

09 抹茶套餐 800日圓

帆雨亭
はんうてい

能一覽尾道水道的咖啡廳。保留了舊屋，春櫻和晚秋的楓紅都為其點綴不少風情。推薦點份含抹茶冰淇淋的抹茶套餐。

♪0848-23-2105／♀尾道市東土堂町11-30／⊙10:00～17:00／㊡不定休／＊22席

10 參觀 20分

天寧寺
てんねいじ

1367(貞治6)年，由普明國師開山。雄偉的三重塔，是由足利義詮捐獻的日本重要文化財「海雲塔」。本堂左側的羅漢堂裡，立有五百羅漢的群像。春天因有垂櫻和牡丹可欣賞而人聲鼎沸。

♪0848-22-2078／♀尾道市東土堂町17-29／⊙9:00～16:30（本堂）＊自由參觀

11 乘車 3分

千光寺山空中纜車

走累的人，可以來搭空中纜車縮短路程。雖是僅約3分鐘的空中散步，但可以將尾道市街、尾道水道至向島的美景都收眼底，春季櫻花開更是絕景。

♪0848-22-4900／♀尾道市／⊙9:00～17:15（每15分1班）／㊡無休／❸單程500日圓、來回700日圓／車票附各種折扣優惠

12 參觀 30分

展望台

搭乘千光寺山空中纜車（單程500日圓、去回700日圓）前往山頂。可將隔著尾道水道望過去的向島全景盡收眼底，天氣晴朗時甚至能看到四國山地。到了春季，還能俯瞰被大群櫻花覆蓋住的千光寺山美景。

▲136.9
千光寺山（八疊岩）

尾道②
1:5,100
0　　　　　100m

周邊廣域地圖 P.44-45

➡步行2分

墜入時光隧道，和今天見了童年的自己與雙親

出会いの広場
●廁所
●展望台⑫
正岡子規
巖谷蘇峰
金田一京助
德富蘇峰
文學小道⑬
山口誓子
纜車山頂站
返舍一九
緒方洪庵
志賀直哉
林芙美子
柳原白蓮
千光寺⑭
東鄉碧梧桐

設有寄物櫃

頼山陽
松尾芭蕉

（穿越時空的少
千光寺山空中纜車⑪

⛩千日稻荷神社
吉井勇
●上杉放菴
ボンボン岩
觀音堂
毘沙門堂
⛩トイレ
⛩中村憲吉旧居
●中村憲吉

cafe.
SAKA Bar

⑯長

貓之細道
天寧

天寧寺三重塔

Marton P.47 Ⓢ
5分
⑨帆雨亭 P.50
可騎自的
尾道幼

⑩天寧

（閉館）志賀直哉舊居
都わすれ

陡峭的石坡道路

⑧千光寺新道

2分

P.47 寶土寺卍
卍信行寺

⛩吉備津彥神社 P.47
♀渡場通り
渡場
⊤尾道局

P.53 天狗寿司Ⓡ
土堂中國信眾 本町センター街
P.55 尾道 帆布鞄 彩工房Ⓡ
渡場通り

廣島
尾道小路
土堂
渡場通り
♀
♀しまなみ信金

からさわ P.53 Ⓡ
浮御堂小路
海岸通り
尾道渡船渡輪乘船處

親水步道在漁船停靠處旁邊

※由於志賀直哉舊居正在整修，故只能參觀外觀。

文學小道

從纜車山頂站一直延伸到千光寺的散步道。與尾道有極深淵源的作家、詩人們的詩詞俳句被雕刻在天然石上。在此有正岡子規（照片）、林芙美子、十返舍一九等的25座石碑，鮮明地描寫這些文人是如何深愛著尾道的風景。

長江一丁目↑往新尾道站
長江通り
GOAL
御袖天滿宮 17
卍大山寺
P.57《轉校生》外景地
往西國寺淨土寺→
在這個石階男女角色互換
天神町歷史史料展示通り
B
卍善勝寺
氣派的山門
卍妙宣寺　卍福善寺
卍慈觀寺　往福山→
卍正授院
往淨土寺→
P.50 長江口
山纜車站 茶房こもん 長江口
2
大型バス駐車場　熊野神社 卍
廁所　長江口
金座街
ほっと蔵
久保
久保（一）
藥師堂通り
D
R S 尾道ええもんや P.54
西山本館
十四日元町
R やまねこカフェ P.51
中浜通り
尾道ロイヤルホテル
商工会議所前　廁所
TH 住吉神社　市營久保駐車場　P 尾道市役所 ⊙
雁木　市役所前 P
尾道工会議所
往淨土寺→
→往福橋

千光寺
せんこうじ

位於千光寺山的半山腰，806（大同元）年開基的真言宗名剎。突出在懸崖外，紅色塗色的本堂被稱為「赤堂」，是尾道的象徵性地標。占地內有各式各樣形狀的巨石，岩石的頂端上放有發光寶玉的「玉之岩」，古代留有著寶玉照亮周圍一帶的傳說。

☎ 0848-23-2310／
📍 尾道市東土堂町15-1
／9:00～17:00

貓之細道

由天寧寺三重塔旁，經過艮神社到達纜車山麓站的路稱為貓之細道。是個迷你美術館和個性派咖啡廳聚集的區域。在好幾條的貓道上棲息著為數不少的貓。隨處可見漆成貓咪的可愛小石頭。

艮　神社
うしとらじんじゃ

尾道舊市區裡歷史最久的神社。占地內樹齡逾900年的雄偉樟樹十分出名。因為是電影《穿越時空的少女》的外景地而聞名。

御袖天滿宮

供奉菅原道真的神社。有著又陡又長的石級，由占地內可以俯瞰市區風光。這段石級是拍攝大林宣彥導演作品《轉校生》中，男女角色互換一幕的外景地。

☎ 0848-37-1889／
📍 尾道市長江1-11-16
／＊自由參觀

隨興遊逛／尾道古寺巡禮

散步途中吃個甜點休息一下

尾道的療癒系咖啡廳

群山逼近海邊的尾道，是個有許多坡道和石階的城市。遊逛佛寺途中的小憩片刻場所，以及適合休息一下、富有個性的咖啡廳等，也是散步中的一大樂趣。

茶房こもん
さぼうこもん

地圖 p.49-B

在電影《轉校生》中出現過，當地人十分喜愛的咖啡廳。表面烤得酥脆的著名鬆餅，塗上奶油和自製果醬享用，有木莓奶油起司、奶油、肉桂、卡士達、覆盆子等多種口味。伴手禮用的鬆餅較小，1個180日圓起。

1藍莓冰淇淋鬆餅650日圓　**2**季節花卉出門迎賓的時尚入口

值得品嘗的另一道

手榨的萊姆汁700日圓（夏季提供），滿是果汁的清爽酸味十分具有吸引力，夏日額外解渴。

♪ 0848-37-2905
📍 広島県尾道市長江1-2-2
🕙 10:30～17:00LO
休 週二（3、8月無休）
＊55席　Ｐ10輛
尾道站🚶15分

值得品嘗的另一道

飲料可選咖啡或檸檬汁的手工蛋糕套餐為950日圓。照片中為藍莓起司蛋糕

帆雨亭
はんうてい

地圖 p.48-C

位於舊出雲屋敷故址，春季有櫻花、秋季可賞紅葉的戶外咖啡廳。占地內有幕府末期～明治初期所建的茶室外、同時設有收集了志賀直哉初版小說的「尾道文庫」。也販售貓咪商品等多種伴手禮。

1附抹茶冰淇淋的黑糖寒天和抹茶的套餐800日圓　**2**穿過富有風情的大門後可見庭院裡的櫻花樹

♪ 0848-23-2105
📍 広島県尾道市東土堂町11-30
🕙 10:00～17:00
休 不定休　＊22席　Ｐ無
尾道站🚶10分

やまねこカフェ

地圖 p.49-D

位於尾道海岸沿岸道路，有著醒目貓咪招牌的咖啡廳。店內的牆上每個月展示著不同藝術家的作品，訪客能在被貓咪裝飾品環繞的環境下，放鬆心情享受悠閒時光。推薦的是495日圓的やまねこ拿鐵，上面還畫有可愛貓咪的奶泡藝術。使用當地食材，受歡迎的やまねこ午餐為1100日圓，飯可選擇糙米或白米飯。

值得品嘗的另一道
有香蕉、核桃和椰子的素蛋糕540日圓，是健康的甜品

1 385日圓的尾道布丁，淋上檸檬糖漿後有清爽的口感
2 販售1100日圓的馬克杯等原創商品

- ☎ 0848-21-5355
- 📍 広島県尾道市土堂2-9-33
- 🕐 11:00～22:00
- 休 週一（逢假日則翌日休）
- ＊25席　🅿 無
- 尾道站🚶10分

おのみちわたしのカフェ

地圖 p.44-A

可以享受品嘗到奶泡藝術和甜點的咖啡廳。擺放在店裡各式各樣的雜貨，代表著店主的品味堅持。自傲的奶泡藝術拿鐵800日圓起，顧客可以花100日圓要求奶泡的圖案，讓吧檯的店長就在眼前繪出奶泡圖案。菜單會隨時更換，另有御手洗糰子550日圓、硬布丁450日圓等甜品。額外付150日圓可將飲料昇級成奶泡藝術咖啡。若要慶祝生日，也可預約餐盤繪畫裝飾1000日圓起。

- ☎ 0848-23-5599
- 📍 広島県尾道市栗原西1-3-2
- 🕐 平日為13:00～17:00；
  週六為10:00～18:00
- 休 週一　＊20席　🅿 無
- 尾道站🚶15分

值得品嘗的另一道
店內販售著烤得硬挺的古早口味卡士達布丁450日圓

1 店長擅長貓咪、熊、兔子等動物圖案的奶泡藝術　**2** 店內有著令人放鬆心情好好休息的溫暖氣氛

尾道電影資料館
おのみちえいがしりょうかん

地圖 p.45-G
JR尾道站搭乘🚌onomichi bus 3分、♀長江口下車
🚶3分

　於此可以看到小津安二郎導演的代表作，在尾道取景的《東京物語》等作品的照片圖板與資料、日活電影公司過去的海報、以及從前使用的放映機等展示物品。也有播放小津電影精華版的迷你劇院。在探訪各處外景地前，來此參觀的話，一定能讓之後的散步更有樂趣。

📞 0848-37-8141 ／ 📍尾道市久保1-14-10
🕙10:00～18:00 ／ 🈺週二（逢假日則翌日休）、過年期間 ／ ¥520日圓 Ⓟ無

尾道水道的渡船
おのみちすいどうのとせん

地圖 p.44-E·F
【向島運航】JR尾道站🚶2分
【福本渡船】JR尾道站🚶5分
【尾道渡船】JR尾道站🚶10分

　尾道和向島之間的海域被稱為尾道水道，這條水道上共有3條渡船航道。向島運航又被稱做站前渡船，船從尾道站前的港口發抵。福本渡船距離尾道站東方300m左右，尾道渡船則是距離尾道站東方500m左右，步行即可到達乘船處。渡船從古至今就是尾道市民和觀光客

的代步工具，已然融入尾道風景的一部分。遊客可以享受到一趟單程5分鐘、擁有悠閒氣氛的水上渡船。

向島運航 📞0848-22-7154
🕕6:00（向島發）～22:10（尾道發）
尾道渡船 📞0848-44-0515
🕕6:00（向島發）～22:30（尾道發）
福本渡船 📞0848-44-2711
🕕6:00（向島發）～22:10（尾道發）
¥100日圓（福本渡船為60日圓）Ⓟ無

西國寺
さいこくじ

地圖 p.45-C
千光寺山空中纜車山麓站🚶15分

　據說是名僧行基於天平年間所興建的真言宗寺院。掛在山門上的巨大稻草草鞋迎接著香客們的到來。

📞0848-37-0321 ／ 📍尾道市西久保町29-27 ／ 🕗8:00～17:00 ／ 🈺無休（有活動則休）／ ¥持佛堂內參拜（9:00～16:30）為500日圓 Ⓟ10輛

淨土寺
じょうどじ

地圖 p.45-H／JR尾道站🚌onomichi bus10分、♀淨土寺下下車🚶3分

　淨土寺據說是聖德太子於飛鳥時代所創建，和足立尊氏有極深淵源的真言宗寺院。參拜本堂與庭園為600日圓。參觀寶物館門票400日圓。

📞0848-37-2361 ／ 📍尾道市東久保町20-28 ／ 🕘9:00～最後入場16:30 ／ 🈺無休 ／ ¥600日圓 Ⓟ10輛

歐風料理

Restaurant ONOMICHI L'ESPOIR du CAFÉ
レストラン尾道 レスポワール・ドゥ・カフェ

地圖p.145-D
JR尾道站🚶10分

昭和初期的造船倉庫改建的餐廳。從車站沿著海岸往三原方向走，位於右邊。每日更換菜色的午餐包含前菜、湯、主菜、沙拉和麵包或米飯1880日圓。

☎ 0848-24-1154
📍 尾道市西御所町14-5
🕐 11:00～14:30LO、17:00～20:30LO
🈺 週二、過年期間
＊120席 🅿 23輛

尾道拉麵

尾道ラーメン 喰海
おのみちらーめん くうかい

地圖p.47-B
JR尾道站🚶5分

從瀨戶內小魚熬出的海鮮味湯頭中，再加進豚骨等清爽感的醬油湯頭為尾道拉麵的基本口味。麵條使用廣島縣產的小麥。尾道拉麵680日圓。1天限定100盤的喰海手作餃子400日圓也很受歡迎。

☎ 0848-24-8133
📍 尾道市土堂1-12-11
🕐 10:00～21:00（20:30LO）
🈺 週三（逢假日則前日休）
🅿 無

壽司

天狗寿司
てんぐずし

地圖p.48-C
JR尾道站🚶8分

明治初期創業，以箱壽司、卷壽司著稱。箱壽司有烤得香噴噴的瀨戶內海新鮮星鰻，還灑上了小蝦的蝦鬆。卷壽司含星鰻等7種。箱壽司1240日圓、卷壽司1280日圓。

☎ 0848-22-4608
📍 尾道市土堂1-4-14
🕐 11:00～14:00、15:00～19:00
🈺 週四 ＊27席 🅿 無

冰淇淋

からさわ

地圖p.48-C
JR尾道站🚶10分

這一家手工冰淇淋店，創業於1939(昭和14)年，歷史十分悠久。最中夾冰淇淋的「最中冰淇淋」170日圓最受歡迎。不像從前那麼甜，調整甜度後的單球冰淇淋奶油紅豆湯380日圓也很受歡迎，若冰淇淋雙球為480日圓。

☎ 0848-23-6804
📍 尾道市土堂1-15-19
🕐 10:00～19:00
　（10～3月至18:00）
🈺 週二（逢假日則翌日休，10～3月為週二、第3週三）
＊16席 🅿 有

尾道

53

尾道ええもんや
おのみちええもんや

地圖 p.49-D
JR尾道站 🚶 15分

　由尾道觀光土產協會經營，販售尾道伴手禮和餐飲的店，使用明治時代的商家建築。用餐方面，提供了當地星鰻或虎頭魚等尾道時令食材做的御膳。可以品嘗到尾道散策便當1650日圓（需預約）。伴手禮也備有約500種，種類琳瑯滿目。

☎ 0848-20-8081
📍 尾道市十四日元町4-2
🕐 10:00～18:00
休 不定休 ＊45席 Ｐ無

保広
やすひろ

地圖 p.47-B
JR尾道站 🚶 5分

　家族經營的壽司與魚料理的餐廳。使用瀨戶內海當地魚獲的料理廣受好評，中午主要提供定食，晚餐顧客可以品嘗到壽司或單點料理，再搭配上當地的釀酒。瀨上小蝦的蝦鬆和星鰻的箱壽司1900日圓，在眾多菜色當中最受歡迎。活章魚生魚片則為1700日圓起。

☎ 0848-22-5639
📍 尾道市土堂1-10-12
🕐 11:30～14:00、17:00～21:00
休 週一（逢假日則翌日休）
＊25席 Ｐ4輛

うろこ・かき船
うろこ・かきふね

地圖 p.45-H
⚲ 久保三丁目即到

　位於絕佳的位置，可以眺望尾道水道和對岸的向島的魚料理餐廳。菜單中最有名的土鍋燒2530日圓，是道在土鍋內鋪上小石頭，來燜烤當令美味海鮮，帶有豐富風味的料理。據說過去曾是村上海軍的宴會料理。10～3月還會有牡蠣和河豚料理。

☎ 0848-37-3633
📍 尾道市久保2-26-10
🕐 11:30～14:30、17:00～21:30
　（週日、假日為11:30～15:00、
　17:00～21:00）、LO為各1小時
　30分前
休 不定休 ＊100席 Ｐ8輛

桂馬蒲鉾商店
けいまかまぼこしょうてん

地圖 p.47-B
JR尾道站 🚶 5分

　1913年（大正2）年創業的老字號魚板店。這裡的魚板堅守傳統製法，使用生魚，不含防腐劑。在瀨戶內海捕撈的白口魚、海鰻、合齒魚和烏賊等食材裡，加入了來自赤穗的天然鹽，將魚的鮮味全部釋放出來。做成甜柿外觀的「柿天」6入2400日圓是此店的招牌。另有魚板和炸物的「ふらっと尾道」2080日圓等禮盒。

☎ 0848-25-2490
📍 尾道市土堂1-9-3
🕐 9:00～18:00
休 週四 Ｐ17輛

老虎魚料理
青柳
あおやぎ

地圖p.45-C
JR尾道站🚶20分

　　自1916年創業以來，就以老虎魚為招牌料理而知名的老店。將瀨戶內海燧攤附近捕獲到的老虎魚油炸後，肉質柔軟，口味高雅。加上祕傳醬汁的老虎魚唐揚定食2500日圓。也提供帶高級氛圍的日式座位。

📞 0848-51-6600
📍 尾道市土堂2-8-15
🕐 11:30～14:00（13:45LO）、17:00～21:00（20:30LO），週日、假日僅中午營業
休 週三　P 無

海產
せと珍味
せとちんみ

地圖p.47-C
JR尾道站🚶8分

　　店門口的瀨戶內名產章魚乾，隨著海風擺盪著。店內陳列著出平鰈、水針魚乾、吻仔魚、蝦米、小魚乾等200種海味商品。紫蘇吻仔魚400日圓、味醂水針魚乾648日圓、味醂太刀魚乾540日圓。尾道名產出平鰈袋裝540日圓～、小魚乾500日圓等。

📞 0848-22-8202
📍 尾道市土堂1-13-6
🕐 9:00～18:00
休 不定　P 無

布丁
おやつとやまねこ

地圖p.46-A
JR尾道站🚶1分

　　使用尾道新鮮雞蛋與廣島縣產牛乳做的布丁，濃厚滑順的口感備受好評。淋上檸檬醬的尾道布丁（圖片右）420日圓，添加季節醬汁的尾道布丁（左）450日圓。包含季節限定布丁在內，一年幾乎會推出10種口味。

📞 0848-23-5082
📍 尾道市東御所町3-1
🕐 11:00～19:00（售完打烊）
休 週一（逢假日則翌日休）
P 無

尾道帆布
尾道 帆布 鞄彩工房
おのみち はんぷかばん さいこうぼう

地圖p.48-C
JR尾道站🚶10分

　　使用港口城市繁榮至今的尾道特產帆布，做出包包和小物販售。店內帆布皆為日本國產。除了活用材料風格的商品之外，也備有許多將布以澀柿液和鐵丹等染成的獨創商品。

📞 0848-24-1744
📍 尾道市土堂1-6-9
🕐 9:30～18:25
休 不定休　P 2輛

黑板藝術
Primitive moire
プリミティブ・モアレ

地圖p.47-C
JR尾道站🚶7分

　　到處擺飾著手一摸圖案就會消失，創作家們用粉筆繪成的黑板畫藝術工房。

　　黑板藝術品的售價為5800日圓起。在玄關前展示著花費了約3個月才完成的大黑板作品。印著黑板的吊飾售價為598日圓。

📞 0848-25-2258
📍 尾道市土堂1-3-24
🕐 約11:30～約18:00
休 週四、不定休　P 無

在浮城的城下町探訪古寺神社與遍嘗當地美食 地圖p.145-D

三原 漫步於懷古街區

面臨瀨戶內海的三原是城下町，有著古老寺院神社、以及充滿風情的小巷弄等，是座有著多樣面貌的歷史小鎮。當地的美食豐富多變，包含著名的章魚料理，以及充滿話題性的甜點。

漫步於多坡道街區與大啖章魚和甜點

小早川氏的城下町，三原，是發跡予諸島方面渡船的港口都市。漫步於本町一帶的小寺院與神社、以及西浜的懷舊風古老城鎮等地，近年來很受歡迎。

與車站直接相通的**三原城跡**，還留有著被石垣和壕溝圍繞的天主台。由於浮城的範圍過去曾涵蓋遠至港口一帶，所以目前在街區各處還遺留著船入櫓、本丸中門跡等過去的遺跡。

從三原城跡到本町，寺廟和神社分布在野畑山的山腳上。有供奉毛利元就的三男‧小早川隆景的持念佛‧千手觀音的**成就寺**。以及有著雄偉瓦砌屋簷本堂的**妙成寺**。還有擁有精美桃山雕刻四腳門山門的宗光寺。從位於高台的寺院與神社，可以隔著城址和車站眺望瀨戶內海的美景。

在三原散步的一大賣點，便是漫步於連結這些景點的小巷弄之間。通往**大島神社**的石級參道上，建著好幾座鳥居。在前往宗光寺的下坡道，是條被兩旁的木圍籬和石垣風圍牆所夾的小路。進入明真寺後，從有格子門的長屋過去就是被白牆和石垣所夾道的**阿房坂**。在西濱的杉板圍籬和白牆的**海鼠小路**也值得一看。

散步後，可以大啖在瀨戶內海的急浪中翻騰的章魚所做成的著名料理。市區內有販賣章魚全餐的**蔵**（11:30～22:00）、放入完整一隻章魚腳的御好燒つぼみ（11:00～20:30）、用巨大章魚腳做成的炸章魚こだま（07:00～18:00）等餐廳。甜食類有以當地舞蹈為參考而設計出的やっさ饅頭（**ヤッサ饅頭本舖**8:00～19:30）、在起司奶油中放入章魚腳的章魚紅葉饅頭（**ゑびすや**8:00～18:00）、還有具有特殊口感，內餡是糖顆粒奶油的卡滋卡滋奶油麵包（**オギロパン**7:00～19:00）等店。

交通指南
JR廣島站搭乘新幹線回聲號22～38分，三原站下車。
觀光詢問處
三原站內うきしろロビー／觀光服務處
♪ 0848-67-5877 ※在此可拿到三原城下町散步地圖、三原寺院神社巡禮地圖。

1 車站本身就位於三原城的城牆內　2 滿懷風情上下坡道的阿房坂　3 つぼみ的三原章魚摩登燒950日圓　4 卡滋卡滋奶油麵包(140日圓)、やっさ饅頭(86日圓)、章魚紅葉饅頭(100日圓)

以竹原・鞆浦・尾道為舞台背景

造訪瀨戶內海的外景地

遺留保存著古老街區，面朝瀨戶內海的這塊區域，因不少電影與戲劇在此取景，而不分古今地受到眾多的愛戴。讓我們出發前往那些在電影戲劇中登場過的螢幕場景吧。

鞆浦　《流星休旅車》(2015年)

曾經在這一幕登場
男主角一雄(西島秀俊)在童年時離家出走，就是躲藏在「常夜燈」當中。

📷 **外景地是…常夜燈**

建於1859(安政6)年，擔任和燈塔同樣功能角色的燈籠塔。從海中的基石算起高達10m，是日本位於港口最高的常夜燈。

地圖 p.59
JR福山站🚌鞆鐵巴士往鞆港方向
32～37分，終點下車🚶5分
福山市觀光課 ☎ 084-928-1043
📍 福山市鞆町鞆843-1
＊自由參觀　🅿 無

尾道　《轉校生》(1982年)

📷 **外景地是…御袖天滿宮**
（詳細參考 p.49）

曾經在這一幕登場
電影裡高中生齊藤一夫(尾美利德)和齊藤一美(小林聰美)滾落的石階。

竹原市　《阿政與愛莉》(2014～15年)

📷 **外景地是…竹鶴酒造**
（詳細參考 p.62）

曾經在這一幕登場
被借景為男主角「阿政」，也就是龜山政春(玉山鐵二)之家而屢次在劇中登場。

TEKU TEKU COLUMN

動畫《幸福光暈》也是以竹原市為舞台！
描繪女高中生日常生活的動畫《幸福光暈》。動畫中忠實地呈現竹原街區保存地區、竹原站前的商店街、以及朝日山等，竹原市內的景色。

女主角是竹原市內高中的女高中生

圖片提供：2015佐藤順一・TYA／たまゆら～卒業写真～製作委員会

MAP 隨興遊逛

鞆浦 地圖p.142-J

とものうら

　因海運業而繁榮一時的古代港都，至今留有不少具特色的住屋與史跡。狹小的巷弄密集分布在這塊區域，綿延著一道道訴說著往日繁華的白牆。沿著海岸線延伸的步道，令人能邊悠閒散步，邊眺望弁天島和仙醉島。

交通指南

要到達旅途起點福山站的話，從廣島搭新幹線「希望號」、「櫻花號」23～24分或高速巴士ローズライナー1小時46分；從尾道搭乘JR山陽本線18～21分。從福山站出發可利用鞆鐵巴士，在30～34分可達的♀鞆の浦或32～37分可達的♀鞆港下車。

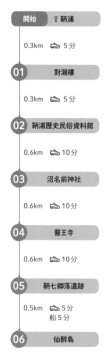

開始	♀鞆浦
0.3km 🚶5分	
01	對潮樓
0.3km 🚶5分	
02	鞆浦歷史民俗資料館
0.6km 🚶10分	
03	沼名前神社
0.6km 🚶10分	
04	醫王寺
0.6km 🚶10分	
05	鞆七卿落遺跡
0.5km 🚶5分 船5分	
06	仙醉島

HINT

步行距離
3km

標準遊逛時間
2小時30分

　除了前往醫王寺的參道外，幾乎都是平坦好走的道路。一些狹小道路或港口雖然並不在推薦路線內，但光是路過這些便道就令人興奮不已。

　租借自行車也很方便。位在市營渡船場旁邊的入江豐三郎本店渡船店可租借，營業時間10:00～16:30，最後租借15:30，1次500日圓。請洽福山觀光會議協會 https://www.fukuyama-kanko.com/

01 　　參觀　20分 ◎

對潮樓
たいちょうろう

　位於從很久以前就受到眾人喜愛、鞆浦中景觀最迷人的福禪寺占地內，江戶時代作為了招待朝鮮通信使者而建造的迎賓館。從樓內客廳可眺望浮現於瀨戶內海上的弁天島或仙醉島等眾多島嶼。這絕美的景致於1711(正德元)年，被朝鮮正使、趙泰億稱讚

為「日東第一形勝」。

♀鞆の浦🚶5分／福禪寺 ☎084-982-2705／♀福山市鞆町鞆2／◯8:00～17:00／❀無休／¥200日圓／Ｐ無

02 　　參觀　20分 ◎

鞆浦 歷史民俗資料館
ともうら れき し みんぞく し りょうかん

　建於城跡高台上的資料館，介紹因船運發達而繁榮的港口鞆的歷史、產業以及祭典。還能見到古漁船與鯛網漁的模型、機關劇場等的展示品。

♀鞆の浦🚶5分／☎084-982-1121／♀福山市鞆町後地536-1／◯9:00～17:00（入館至16:30）／❀週一、年底年初期間／¥150日圓／Ｐ無

TEKU TEKU COLUMN

初夏的海上風情畫・鞆浦觀光鯛網

　高舉著巨大漁旗，發出「呦呼、呦呼」高亢聲響出航的鯛網船，是鞆浦初夏的代表象徵。等著捕撈為了產卵而回到故鄉之海的真鯛，可在觀光船上觀賞以380年傳統為傲的漁網捕鯛。在附近的餐廳可以享用到當令的鯛魚名菜料理。

♀鞆港🚶15分
福山觀光會議協會 ☎084-926-2649
♀福山市鞆町仙醉島田の浦（從暫設碼頭出港）
◯2023年4月28日～5月7日，11:00每天一場，共約1小時10分
❀期間內無休
¥觀賞3000日圓（含鞆～仙醉島間的市營渡船費用）
Ｐ臨時停車場20輛（限週日・假日）

沼名前神社
ぬ な く まじんじゃ

坐鎮於西方山麓的神社，有著被當地居民稱為「鞆之祇園」的愛稱。神社擁有日本國內現存唯一的組裝式建成的能舞台，已經被指定為國家的重要文化財。在每年7月舉辦的市指定無形文化財「手火祭」，數不清的觀光客聚集於此，就是為了一睹勇猛的火焰奔竄上石階的奇景。

♀ 鞆の浦 🚶10分／☎ 084-982-2050／🏠 福山市鞆町後地1225／＊自由參觀／🅿 無

醫王寺
い おう じ

據說是弘法大師空海所開山，鞆浦中第二古老的寺院。文獻記載於1826(文政9)年，西博德曾為了觀察杜鵑和松樹而到訪此處。如果還有多餘的時間，可以試著登上長長的階梯一訪太子堂。在583段的石階之上，令人屏息的鞆灣美景正等待著您。

♀ 鞆港 🚶15分／☎ 084-3076／🏠 福山市鞆町後地1397／＊自由參觀／🅿 無

P.61 衣笠 🅡

備後安國寺卍　♀ 安國寺下
往福山市區

ホテル鷗風亭

卍 正法寺
卍 慈德院
善勝寺 卍

🅿

小鳥神社 🛆

沼名前神社 ⑬　大觀寺卍　鍵辻小路
鞆町後地　山中鹿之介首塚
福山市　顯政寺卍
　妙蓮寺卍　石板小路
相當陡峭的坡道，道路那端有野花綻放著，可望見鞆浦的住宅群
　鞆の津ミュージアム 🅜
START 🚩
景勝館漣亭
桝屋清右衛門宅 P.60
鞆鐵巴士營業所
觀光情報中心 ℹ
鞆町役所
福山市鞆支所

入江豐三郎本店 🅢 P.61
鞆浦歷史民俗博物館 ⑫
鞆城跡
鞆學の園浦法宣寺卍
ささやき橋 🈟
7分
阿彌陀寺卍
明王寺卍
卍地藏院
醫王寺 ⑭
4分
漁夫的住宅林立，可見曬網的樣子
平賀源內生祠 ♀
4分 P.60
伊呂波丸展示館
鞆の浦漁協 🅡
翻越山的道路入口。可望見鞆浦全景
江の浦 ♀
P.60 御舟宿いろは 🅡🏠
(舊魚屋萬藏宅)
狹窄的道路兩側林立古早的商店

GOAL
市營渡船(平成伊呂波丸) P.60
市營渡船(仙醉島棧橋)
仙醉島 ⑯
鞆公園
ここから

國民宿舍仙醉島
鯛網乘船場
田／浦海水浴場

格子門街景

🅡 お茶処 仙醉庵 P.61
弁天島
遠眺弁天島、仙醉島
自行車租借
(入江豐三郎本店渡船場店)
平成伊呂波丸乘船處

鞆浦觀光鯛網 P.58

瀨戶內海

皇后島

鞆浦
1:12,000
0 ━━━ 200m
⬆N

🎵 步行4分 ●●●●●●●●●

以前這帶曾是紅燈區

對潮樓 ①
🅟
醫王寺
鞆港
縣營棧橋
第一駐車場
大可島城跡
🅿 市營渡船鞆浦渡船場處
汀邸遠音近音
在伊呂波丸事件作為紀州藩宿舍的佛寺
鞆七卿落遺跡 ⑮
鞆の浦宿協 常夜燈 P.57

♀ 阿藻珍味前
♀ 日之出神社
🅢 鞆の浦 鯛匠の郷 P.61
卍 淀媛神社
走島汽船
往走島

往沼隈町

周邊廣域地圖 P.142-143

维持老屋街道的地區

鞆七卿落遺跡
とも しちきょうおち い せき

於江戶時代由舊保命酒屋的中村家所擴建的建築群，到了明治時代則由太田家所繼承。幕府末期時，尊王攘夷派的公家，三條實美等7名朝臣，在離開京都逃往長州的途中，曾經暫居在太田家住宅中。

♀ 鞆の浦 🚶5分／太田家住宅 ☎ 084-982-3553／🏠 福山市鞆町後地842(太田家住宅等)／＊外觀自由參觀／🅿 無

仙醉島
せんすいじま

島的周長約5～6公里的小島。在有著五色岩的海岸線散步道，以及在被選為「日本的夕陽百景」的絕景地點仙人丘展望台，可以感受到大自然的能量，充電自己。此外，在國民宿舍「仙醉島」可以泡湯或享用午餐。

往渡船場從 ♀ 鞆港 🚶1分。往仙醉島需在渡船場搭船5分(從7:10起每隔約20分運航。最後一班21:30。往返240日圓)／國民宿舍「仙醉島」 ☎ 084-970-5050／鞆港搭渡船5分

曾經是伊呂波事件舞台的鞆浦　地圖p.59

追尋坂本龍馬的足跡

坂本龍馬被稱為幕末的英雄，並且與脫離藩治的浪士們一同建立了海援隊。一行人搭乘租借的蒸汽船「伊呂波丸」從大洲藩出發，於瀨戶內海航行時和紀州藩的船發生了擦撞意外。為了談判賠償事宜，一行人暫時停留於鞆浦，而在此留下了許多與坂本龍馬相關的景點。

從幕末志士們的角度來漫步於港都

1867（慶應3）年4月23日，坂本龍馬一行人搭乘的「伊呂波丸」船在從長崎往大阪航行的途中，發生了和紀州藩的船擦撞的意外事故。船上裝載了大砲和彈藥、金塊等，由於船隻重創無法自行航行，而連船帶貨沉沒在宇治島外海。

從這艘「伊呂波丸」船中打撈出的物品、或是船隻模型、船沉沒狀況的模擬模型等，目前皆收藏於**伊呂波丸展示館**中，用來全面性地展示或解說伊呂波事件。展示館則是利用江戶時代的倉庫改建而成。

伊呂波事件發生之時，坂本龍馬和海援隊成員們借住的地方是**桝屋清右衛門宅**。據說當時被幕府追殺的坂本龍馬，留宿於二樓沒有樓梯可到的隱匿房間。至今房間仍保有當時幕末風貌，只在週五～一、假日才對外開放參觀。此外，在入口處的空間已經改裝成販賣瀨戶內海伴手禮的商店，供遊客挑選採購。

坂本龍馬們與紀州藩首次進行賠款交涉的地點是**舊魚屋萬藏宅**，據說因此地正好位於紀州藩住宿地點的圓福寺和桝屋清右衛門宅的正中間，所以被選為談判之處。現在則是運用原有建築加以經營的旅館「御舟宿いろは」。住宿服務之外，還提供午餐等服務。

此外，做「伊呂波丸」打造的**平成伊呂波丸**，來往行駛在鞆浦和仙醉島之間，1小時約有2～3班。

交通方式

●伊呂波丸展示館
JR福山站🚌鞆鐵巴士往鞆港方向40分，🚏鞆港下車🚶1分
●舊魚屋萬藏宅（御舟宿いろは）
🚏鞆港🚶5分
●桝屋清右衛門宅　🚏鞆港🚶5分
●平成伊呂波丸　🚏鞆港🚶3分

1 航行在渡船航道上的平成伊呂波丸　2 歷史悠久的舊魚屋萬藏宅　3 坂本龍馬住宿過的桝屋清右衛門宅　4 伊呂波丸展示館的內部

●伊呂波丸展示館
☎084-982-1681　📍福山市鞆町鞆843-1
🕙10:00～17:00　休無休　¥200日圓
●御舟宿いろは
☎084-982-1920　📍福山市鞆町鞆670
¥1泊2食31350日圓～
●桝屋清右衛門宅
☎084-982-3788　📍福山市鞆町鞆422
🕙9:00～16:30　休週二三四（有臨時休）
¥200日圓
●平成伊呂波丸
☎084-982-2115　📍福山市鞆町鞆623-5
🕙7:10～21:30（約每20分出航）
休無休　¥240日圓

美食&購物

鯛魚餐
千とせ
ちとせ

地圖p.59
🚶鞆の浦 3分

可眺望海洋的日本料理店。這裡的食材,都是向在備後灘以拖網捕魚、一根釣絲釣法等傳統漁法捕魚的漁夫們直接進貨的。包含生魚片、紅燒魚、天婦羅等的瀨戶內海會席為1848日圓。含鯛魚生魚片、紅燒鯛魚、天婦羅以及鯛魚飯的2310日圓鯛魚會席也頗有人氣。

📞 084-982-3165
📍 福山市鞆町鞆552-7
🕐 11:30～14:30、18:00～20:00
🈺 週二 ＊30席 🅿 3輛

四季料理
衣笠
きぬがさ

地圖p.59
🚶鞆の浦 3分

當地的原漁港就在眼前的日本料理店,可嘗到鞆の浦的鯛魚料理而受好評。鯛魚膳3300日圓,含鯛魚生魚片、紅燒鯛魚頭、蒸鯛魚、鯛魚飯等7樣。也有鯛魚茶泡飯1100日圓、鯛魚飯膳2200日圓等平價菜色。只在平日販售且受歡迎的午餐為1620日圓起。

📞 084-983-5330
📍 福山市鞆町鞆150-12
🕐 11:30～14:00（週日、假日為12:00～14:30）、18:00～21:00
🈺 週三 ＊35席 🅿 8輛

茶・甜品
お茶処 仙酔庵
おちゃどころ せんすいあん

地圖p.59
🚶鞆の浦 10分

位於江戶後期的富商・大坂屋的樓閣・對仙酔樓隔壁的甜品店。販賣著多種健康甜點。最有名的美肌水嚐嚐鯛魚燒1個150日圓,原料由豆漿和豆腐渣所製成。鯛魚燒霜淇淋484日圓也很受歡迎。

📞 084-982-2565
📍 福山市鞆町鞆554-4
🕐 11:00～17:00
　（週日、假日為10:00～）
🈺 無休
＊28席 🅿 無

魚漿製品・乾貨
鞆の浦 鯛匠の郷
とものうら たいしょうのさと

地圖p.59
🚶鞆の浦 15分

位在高台上,能俯瞰風光明媚的鞆港,是販售竹輪等魚漿製品的製造直賣所。現烤自己剛捏製好的竹輪,手握竹輪體驗（1根360日圓）很有人氣。店內還有販售鯛魚竹輪等魚漿製品、海中珍味、乾物等商品。

📞 084-982-3333
📍 福山市鞆町後地1567-1
🕐 10:00～18:00（冬季營業時間較短),竹輪體驗為週六日、假日的～16:00（最後受理15:30)
🈺 週二 🅿 20輛

保命酒
入江豊三郎本店
いりえとよさぶろうほんてん

地圖p.59
🚶鞆の浦 5分

江戶時代鞆浦相傳至今的保命酒釀造所。以良質糯米為主原料,再搭配甘草、丁香、枸杞子等16種中藥精華,有著特有的芳香味。在店內可以試喝藥酒,300ml為810日圓起。保命酒喉糖240日圓也頗受喜愛。

📞 084-982-2013
📍 福山市鞆町鞆534
🕐 9:00～16:00（店鋪後方的倉庫12:00～13:10休息)
🈺 週一、二 🅿 5輛

鞆浦

隨興遊逛

竹原

地圖 p.75-C

たけはら

進入江戶時代後，竹原因製鹽產業的蓬勃發展，而吸引了富賈們大興豪宅，故又有「安藝的小京都」的別稱。商人文化盛行，此地也以出了如賴山陽等眾多文人和學者著稱。在被指定為重要傳統建築物群保存地區的本町通上，有作為連續劇《阿政與愛莉》外景地的竹鶴酒造。

開始
↓ 850 m 🚶 10分
01 竹鶴酒造
↓ 80 m 🚶 1分
02 舊松阪家住宅
↓ 80 m 🚶 1分
03 吉井邸
↓ 50 m 🚶 1分
04 西方寺・普明閣
↓ 150 m 🚶 2分
05 竹原市歷史民俗資料館
↓ 70 m 🚶 1分
06 賴惟清舊宅
↓ 30 m 🚶 1分
終點 照蓮寺

⚠ HINT

步行距離
1.3km

標準遊逛時間
2小時

從車站到傳建地區入口「道の駅たけはら」的市區範圍約步行10分。在竹鶴酒造的前面一帶，是拍攝街區的好地點。歸途上從有著酒藏交流館的中小路到楠通的這段小路也別具風味。

TEKU TEKU COLUMN

品嚐夢幻鄉土料理「魚飯」

竹原過去曾因製鹽業而興盛一時。鹽田主人拿來招待客人的豪華料理就是「魚飯」。將鯛魚和鰈魚的肉切成絲，還有蛋絲、鴨兒芹、香菇等各色配料放在飯上，淋上醬汁享用。現在若提前預約，可在市區內的磯っ子（17：00～22：30）跟味いろいろますや（11：00～21：00）等餐廳品嚐到。

---

01 參觀 10分

竹鶴酒造

晨間連續劇《阿政與愛莉》的男主角，日果威士忌的創建者，竹鶴政孝出生的家，有著小笹屋的屋號。歇山頂式屋頂的建築物和格子窗可說是傑作。參觀僅限於建築物外觀。

📞 0846-22-2021
＊外觀自由參觀

---

02 參觀 20分

舊松阪家住宅

擁有鹽田的「濱但那」之家，唐破風的屋頂上，有菱格的塗籠窗等，帶厚重感。也有展示當時生活的用品。

📞 0846-22-5474 / ⏰ 10:00～16:00 / ❌ 週三（逢假日則開館）、過年期間 / 💴 300日圓

---

03 參觀 5分

吉井邸

經營製鹽、製酒、迴船業等領域豪商的住宅，第2代開始代代擔任當地的地方官。曾被當作廣島藩公共旅館的母屋是1690（元祿3）年的建築。建築特色莊重且華麗，據說是竹原最老的建築。

---

04 參觀 15分

西芳寺・普明閣

建於高台的西芳寺是完整保留淨土宗建築樣式的寺院。寺院占地前可看到雄偉的石垣。再往上方走就是仿清水寺建造的普明閣，在此可將竹原市街一覽無遺。

---

05 參觀 30分

竹原市歷史民俗資料館

位於傳建地區十分醒目的白色西洋建築，曾經作為當地圖書館使用。資料館內所展出的展示品，又以製鹽業方面的資料最為齊全。

📞 0846-22-5186 / ⏰ 10:00～16:00 / ❌ 週二（逢假日則開館）、過年期間 / 💴 200日圓

竹原
1:5,740

0   100m

周邊廣域地圖 P.75

🎵 步行2分

N

GOAL 照蓮寺 **07**

過去支撐起釀酒業的六角形水井

酒適用井戶

・賴惟清舊宅 **06** 種植著不同種類的竹子

まちなみ竹工房 P.63

S

・おかえる地藏 提供製作表演

・竹原市歷史民俗資料館 **05** 抱著地藏說出心願就能實現

・憧憬の廣場

竹原市街道保存中心

・西方寺 **04**

03 吉井邸

お好み焼●ほり川
岩本屋

●二宮邸 ・普明閣 **04** 瓦屋頂林立的市區對面，可望見大樓林立

卍長生寺

02 住舊宅松阪家

・竹鶴酒造 **01**

亀田屋
松濱邸

堀友邸

渡達橋

楠神社

住吉橋
住吉神社

旧森川家住宅

滿意風情的板屋小路

賴山陽像

JA三原

道の駅たけはら

休日診療所

竹原市重要傳統性建築物群保存地區

新港橋

10分
新港橋

竹の並木道
杏竹館

車站周邊是新市區。江戶時代時這一帶有廣大的鹽田。

185

礒宮八幡神社卍

從岩本邸可望見本町通南側

中央(二)

中央(一)

礒宮八幡

八幡橋

蔵っ子 **R**
P.62

START
① 觀光服務處
(租借腳踏車)

❌竹原驛

たけはら   吳線

---

06 參觀 10分

賴惟清舊宅

竹原出了眾多如賴家等名留青史的學者，而這裡是賴山陽祖父經營染坊的舊宅。覆蓋本瓦，屋頂層層相疊歇山頂式屋頂的建築物，仍完整保留江戶中期商家的模樣。

07 參觀 15分

照蓮寺

淨土真宗的寺廟，竹原小早川家歷代都在這念書，更有賴家三兄弟等優秀文人輩出，一直扮演商人文化的中心角色。占地內仍有賴家相關的墓地。寺前有當年供應竹原釀酒場用水之六角井。

製作體驗 四海波籠 500日圓～

まちなみ竹工房

製作、展示、販售竹製工藝品的工房。除了參觀外，也可以體驗做竹蜻蜓、風車等手工藝品體驗。

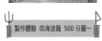

📞 0846-22-0973／🕐 9:30～16:00 (體驗受理至15:00)／🚫 8/15、過年期間／💴 參觀免費，體驗500日圓～

吳・音戶・江田島

在感受歷史的山丘上遠眺建造戰艦「大和」的船塢

エリアの魅力

展示設施
★★★★
散步
★★★
當地美食
★★★★

火熱資訊：
音戶的瀨戶公園在3月下旬到4月上旬期間可以觀賞到約2300棵櫻花樹綻放。在4月下旬到5月上旬的期間，會有約8300株的杜鵑花遍地綻放。

追尋海上男兒的浪漫與夢想的足跡

吳在1889(明治22)年成立舊海軍鎮守府之後，便由軍港發展成著名的港都。市內與周邊地區，遺留不少舊海軍相關的設施。在相傳是平清盛開墾的音戶瀨戶，可以搭乘日本最短的定期航線渡船。

HINT　前往吳的方法・遊覽順序的小提示

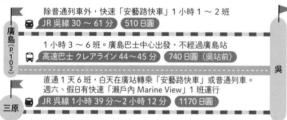

除普通列車外，快速「安藝路快車」1小時1～2班
🚌 JR吳線 30～61分　510日圓

1小時3～6班。廣島巴士中心出發，不經過廣島站
🚌 高速巴士 クレアライン 44～45分　740日圓（吳站前）

直達1天6班，白天在吳站轉乘「安藝路快車」或普通列車。週六、假日有快速「瀨戶內 Marine View」1班運行。
🚌 JR吳線 1小時39分～2小時12分　1170日圓

廣島～（P.102）　吳　三原

遊覽吳市區內很方便的，就是廣電巴士1日乘車券「1Day吳PASS」。包含郊外的Alley烏小島公園、俯瞰歷史區的山丘在內，幾乎網羅了所有觀光景點，也另外附門票折扣等優惠。

要從吳前往江田島小用港的話，可搭乘瀨戶內シーライン的船隻。1小時1班，時間約10～20分，渡輪為450日圓、高速船為650日圓。從吳站前往音戶渡船口的巴士，可從3號乘車處坐倉橋島線或宮原線。

觀光交通詢問處

吳觀光協會
📞 0823-21-8365
吳市觀光振興會
📞 0823-25-3309、3181
江田島市交流觀光課
📞 0823-43-1644
JR吳站
📞 0570-666-521
廣島電鐵（クレアライン）
📞 082-221-4385
瀨戶內シーライン(吳～小用)
📞 0823-21-5111

吳觀光導覽

在週六、週日和假日會有由「吳觀光導覽之會」所舉辦的觀光導覽行程。行程景點包括舊海軍遺址等地，所需時間約2小時20分。1週前截止預約。詳情請洽吳觀光情報廣場。
https://kuremachidiary.jp/

鐵鯨魚館（海上自衛隊吳史料館）
てつのくじらかん（かいじょうじえいたいくれしりょうかん）

地圖p.68-B
JR吳站🚶5分

　　緊鄰大和博物館的海上自衛隊史料館。雖然是以訓練自衛隊員為目的的設施，但也對一般人開放。1樓介紹海上自衛隊的歷史；2樓介紹在全國各地投入去除水雷工作成效卓著的掃雷艇國際貢獻工作；3樓則介紹潛艇。建築物外的「あきしお」則是到2004（平成16）年還在服役的真實潛艇。還可以進入艦內

參觀，感受一下身為乘客的臨場感。

🕿 0823-21-6111　📍 吳市宝町5-32
🕐 10:00〜18:00（入館至17:30）
🈺 週二（逢假日則翌日休）　💴 免費
🅿 使用大和博物館 🅿

吳市入船山紀念館
くれしいりふねやまきねんかん

地圖p.68-B
JR吳站🚶13分

　　將1905（明治38）年建造的舊吳鎮守府司令官舍，修復成建造當時的模樣。木造平房的官舍，由英式洋館部分與和館組成。是國家重要的文化財。

🕿 0823-21-1037　📍 吳市幸町4-6
🕐 9:00〜17:00　🈺 週二（逢假日則翌日休）
💴 250日圓　🅿 122輛

Alley烏小島公園

地圖p.74-E
JR吳站🚌往廣電巴士音戶倉橋方向10分、🚏潛水隊前下車🚶即到

　　在海上自衛隊吳基地附近的公園，也以全日本能最靠近觀看潛艦的公園聞名。潛水艦化身

黑色龐然大物在眼前現身，氣勢逼人。

　吳觀光情報廣場 🕿 0823-23-7845
　📍 吳市昭和町　🈺 無休　💴 免費　🅿 41輛

感受歷史的山丘
れきしのみえるおか

地圖p.144-F
JR吳站🚌往廣電巴士音戶倉橋方向5分、🚏子規句碑前下車🚶1分

　　可以眺望1906（明治39）年所建築的舊吳鎮守府廳舍、或建造戰艦「大和」的船塢等舊海

軍的相關設施。可以了解到吳市明治時代之後歷史的山丘。

　吳觀光情報廣場 🕿 0823-23-7845
　📍 吳市宮原5　＊自由參觀　🅿 無

長門造船歷史館
ながとのぞうせんれきしかん

地圖p.144-J
JR吳站搭🚌廣電巴士吳倉橋島線1小時，🚏桂浜・溫泉館下車🚶3分

　　展示大量有關倉橋町的造船業和海運業相關資料的歷史館。也收藏了不少從古至今的木造

船模型。館內有依實重建1200年前的遣唐使船，還可以參觀船的內部。

　🕿 0823-53-0016　📍 吳市倉橋町171-7
　🕐 9:00〜16:30
　🈺 週一（逢假日則翌日休）、12月29日〜1月3日
　💴 200日圓　🅿 無

以1/10尺寸忠實重現戰艦「大和」　　　地圖p.68-B

一起前往拜訪大和博物館吧

和海軍一同繁榮發展的港都 — 吳。拜訪過展示在這座港都孕育而生的戰艦「大和」的大和博物館後，應該也能了解到海軍之城·吳的歷史。

📞 0823-25-3017　📍 広島県吳市宝町5-20
🕐 9:00~18:00　❌ 週二　💴 500日圓　🅿️ 285輛

吳與大和博物館

　港口被山地環繞包圍，如同形成天然要塞的吳市，在1889(明治22)年成立了日本海軍根據地之一的吳鎮守府，後於1903(明治36)年設立了海軍直轄的軍需工廠，吳海軍工廠。當時是東亞地區最繁榮的軍港，並且因建造了戰艦「大和」而遠近馳名。車站南邊的不遠處，面對港口所興建的博物館就是大和博物館。

　以原船的1/10尺寸製作而成的戰艦「大和」模型，稱得上是博物館的象徵代表物。除此之外，也有介紹太平洋戰爭時的兵器、或是大和生產技術的影片；館內還設有可進入鐵皮桶體驗浮力等活動，輕鬆學習到和船舶相關知識的空間，是座不分男女老少都能感受樂趣的博物館。

忠實地重現了昔日的名戰艦

　在製造艦艇與兵器的吳海軍工廠，於1941(昭和16)年完成的戰艦「大和」，以全長263m、最大寬度38.9m、標準排水量65000t的最大規格傲世全世界。

　在「大和廣場」，展示著以原船的1/10尺寸重現的戰艦「大和」模型。模型以遺留下來的設計圖和水中影像為參考製作，連細微處也忠實重現，所以十分值得一見。即使是當時使用在建造大和時的工法和技術，也仍然運用在現今時代的船舶與建築物上，可見日本當時最先端的技術全部都集結在大和的建造之上。

學習吳的歷史·與海軍相關的展示

　明治時期海軍工廠建造完成之後，吳市便和海軍一同蓬勃發展。第二次世界大戰後，化身為日本首屈一指的臨海工業城市，為日本的近代化發展提供了貢獻。

　在「吳的歷史」展區，將吳的歷史從明治時

●現代油輪建造工法的先驅
　為了快速建造出巨大的戰艦，而採用先將各個模組組裝，之後再連接起的模組化工法。

●仍活用在現代的大和技術
　砲擊時為了測出和目標間距離而製出的測距儀，對之後的單眼相機等需對準焦距的精密光學機器的開發上帶來莫大的影響。此外，轉動極重主砲的技術，之後運用在東京新大谷飯店的展望迴轉餐廳上。

期到二戰後分為3個部分，以珍貴的照片、重現當時樣貌的模型等加以解說。另外也能見到從海底撈起的大和戰艦的遺物。

此外，隔著大和廣場位於對面的展區，設有「大型資料展示室」。在這裡展示著被稱為人間魚雷的特攻兵器「回天」，或是曾在大和使用過的砲彈等貨真價實的武器。

展示物大多都是在吳海軍工廠所研發而出。近身見到真實的兵器，對於戰爭所帶來的各種紛擾是非，讓思緒有了不同的方向。

①可以瞭解到因日本屈指可數的海軍工廠而蓬勃發展的吳的歷史

②特攻兵器「回天」十型(試作型)／以吳海軍工廠為中心開發的人間魚雷試作型 ③零式艦上戰鬥機六二型／廣海軍工廠(吳市廣町)與零戰的開發與研究有所關連

●集鑄造技術的精華
超大型螺旋槳
以3個葉片所組成。戰艦「大和」的螺旋槳直徑可達5m。

●備有冷暖氣的住宿設備
軍官房和部分士官房有冷暖氣的設備，因此其他艦都稱大和為「大和大飯店」，空間十分舒適。

TEKU TEKU COLUMN

參觀博物館後小憩片刻
SEASIDE CAFE BEACON
シーサイドカフェビーコン　地圖p.68-B

從店內大片玻璃窗外可以見到吳港，在良好地理位置的咖啡廳裡小憩片刻吧。代表菜色是添加6小時燉煮的牛舌的海軍士官咖哩，定價1450日圓。

📞 0823-23-6000
📍 広島県吳市宝町5-20(大和博物館旁)
🕐 11:00～20:00
🚫 週二(準同大和博物館休館日)

吳市港艦船遊覽・夕陽吳市遊船

地圖 p.68-B
JR吳站 🚶 5分

　　巡遊吳灣的遊覽船的種類十分豐富，在這其中，又以能近距離看到海上自衛隊吳地方隊艦艇的艦船遊船，無比壯觀而廣受好評。另有配合太陽下山的時間，出航看夕陽和艦隊的遊船方案。所需時間30分，需提前2天預約（https://bunker-supply.com/blog/kansen/）。

📞 082-251-4354（バンカー・サプライ）
📍 吳市宝町4-44 吳中央棧橋渡輪站1F
🕙 10:00、11:00、13:00、14:00共4班（週六日、假日另有12:00的班次）
🈂 週二　💴 1500日圓　🅿 附近有收費Ⓟ

TEKU TEKU COLUMN

繁花似錦的音戶瀨戶是平清盛淵源之地　地圖 p.74-E

　　傳說平清盛手持金扇，讓即將下沉的太陽升上來，一日之間開鑿出了音戶瀨戶。瀨戶內海的自然美景和赤紅的音戶大橋形成強烈的對比。

　　音戶的瀨戶公園在3月下旬有2300棵櫻花樹，5月上旬會有約8300株的杜鵑花美麗綻放。雖然需步行40分左右，但不妨試著將腳步移往高烏台吧。如果天氣晴朗，可以遠眺分布於安藝灘的群島和四國的山地。

舊海軍兵學校
きゅうかいぐんへいがっこう

地圖 p.144-F
小用港搭🚌往山田・深江・大柿高校方向7分，🚏術科學校前下車 🚶 2分

　　位於江田島的海軍兵學校從1888（明治21）年到二次大戰結束之間，培養眾多海軍軍官。目前則利用來作為海上自衛隊第1術科學校和海上自衛隊幹部候補生學校使用。可以在導覽人員的帶領下免費進入校內參觀。校內設有餐廳和販賣部，部隊帽1900日圓起，是很受歡迎的伴手禮。

📞 0823-42-1211（內線2016）
📍 江田島市江田島町
🕙 10:30〜、13:00〜、15:00〜（週六日、假日10:00〜、11:00〜、13:00〜、15:00〜）
🈂 過年期間　💴 免費　🅿 169輛

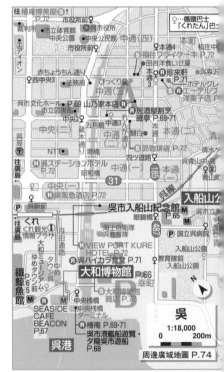

吳
1:18,000
0　　　200m
周邊廣域地圖 P.74

美食

居酒屋

居酒屋割烹 磯亭
いざかやかっぽう いそてい

地圖p.68-A
JR吳站🚶15分

　　提供超過100種豐富菜色的居酒屋。鯨魚肉菜色富有盛名，海軍美食戰艦霧島號的炸鯨魚排1650日圓，鮮味強烈的肉和酥脆的麵衣非常對味。另有剝皮魚的生魚片和肝、以及活星鰻生魚片等人間美味。

📞 0823-24-2229
📍 吳市中通3-2-8初勢ビル1F
🕐 17:15～22:45
　　（週五、六～23:45）
休 週四　＊15席　P 無

蛋糕

エーデルワイス洋菓子店
エーデルワイスようがしてん

地圖p.68-A
JR吳站🚶17分

　　吳歷史最悠久的西點蛋糕店。店內擺飾著以德國西點為基礎，做成的簡單卻又吃不膩的蛋糕。廣受歡迎的奶油派一片399日圓，生奶油和卡士達醬、再搭配鹹味恰到好處的餅皮真是絕配。2樓還附設有咖啡廳。

📞 0823-21-0637
📍 吳市本通3-4-6
🕐 9:00～19:00（咖啡廳僅平日
　　10:00～17:00LO）
休 週一（逢假日則翌日休）
＊14席　P 3輛

細烏龍麵

山乃家本店
やまのやほんてん

地圖p.68-A
JR吳站🚶15分

　　在吳知名的「細烏龍麵」中也特別細的本店。烏龍湯麵附溫飯糰、小菜3道的烏龍麵定食800日圓。牛肉蓋飯800日圓、檸檬烏龍麵（照片）600日圓。

📞 0823-22-8176
📍 吳市中通3-7-10
🕐 11:00～17:00
休 週二　＊22席　P 無

從舊海軍美食到當地人常吃的單點菜色
吳的平民美食大集合

以港口城市發展起來的吳市裡，有許多到了吳就該好好享用的料理，包含來自於舊海軍伙食的菜色，以及來自於小吃攤與老店等深受當地居民喜愛的美食。

舊海軍發祥的美味

在舊日本海軍鎮守府所在的吳市，舊海軍在餐食上導入了西方菜色，以確保長期航海還能夠保持健康，也因此發展出了海軍美味。明治時代編入海軍料理教科書的菜色、和昭和時代在艦艇上推出的料理的食譜，目前仍然存在。

雞腿肉很有嚼勁

Ⓐ 雞肉飯

明治時期，加了小麥的番紅花飯裡再加入葡萄乾一起蒸，是當時的流行。另外再加入雞腿就是明治海軍的方式。

懷念卻又感到新鮮的味道

Ⓑ 炸鯨魚排

舊海軍人員研究美味的調理方式，打算推動國民食用卻乏人問津的鯨魚肉。每艘船艦互相比較誰的較美味。

TEKU TEKU COLUMN

日本海上自衛隊平時吃的咖哩在吳的街上也吃得到

咖哩是海上自衛隊自衛艦的代表美食。在日招きの里（p.71）推出的海上自衛隊鐵板咖哩（售價1500日圓），是將咖哩盛於實際使用於艦船內的鐵盤上，最受到顧客的歡迎。將海上自衛隊各艦隊的食譜完整重現的「吳海自咖哩」，可以在吳市內的多家餐廳中享用到。

偏甜的口味是吳市的特色

Ⓒ 馬鈴薯燉肉

據說是為了將海軍上將東鄉平八郎留英期間吃過的燉牛肉重現而做出的菜色。吳市和京都府舞鶴市都說自己是「馬鈴薯燉肉發源地」。

被當地居民喜愛的往日風味

1965(昭和40)年時，將戰後散在市區各地的攤販集中到了藏本通。當時小吃攤的菜色、以及老餐廳提供的美食，從古至今一直受到當地居民的喜愛。盡情享用屬於吳市的靈魂美食吧。

戰後才出現的當地麵食

E 冷麵

吳市的冷麵，與眾不同。加了冷湯的扁麵上擺放著叉燒、水煮蛋和蝦仁等食材。

至今不變的攤販美味

D 關東煮

關東煮使用淡味道的關西風格(照片左)。拉麵、豬腳(照片下)等招牌料理，只要是吳的老字號攤販都一定會有。

紮紮實實而不蓬鬆

F 波蘿麵包

吳市的老字號麵包店「メロンパン」，販售的波蘿麵包受到市民喜愛。外觀像是橄欖球而裡面是飽滿的奶黃醬。

吳的平民美食大集合

可以吃到的店

Ⓐ…吳ハイカラ食堂 (明治海軍式雞肉飯1300日圓) ☎0823-32-3108／⏰11:30～15:00LO／🈺週二／地圖p.68-B

Ⓑ…居酒屋割烹 磯亭 (炸鯨魚排1650日圓需預約。詳細見p.69)

Ⓒ…椿庵 (也是海軍定食中的一道菜。詳細p.69)

Ⓓ…藏本通的各攤販提供 吳觀光協會 ☎0823-21-8365

Ⓔ…珍来軒 (冷麵750日圓) ☎0823-22-3947／⏰11:30～15:00(售完打烊)／🈺週二(逢假日則翌日休) 地圖p.68-A

Ⓕ…メロンパン本店 (波蘿麵包197日圓) ☎0823-21-1373／⏰7:00～售完打烊／🈺週日／地圖p.74-E

購物

伴手禮

大和博物館商店
ミュージアムショップやまと

地圖p.68-B
JR吳站 🚶 5分

　位於大和博物館不需要門票的區域內，販售各種與大和號戰艦相關的商品。最受歡迎的商品是大和號2000分之一的模型，售價1980日圓起。

📞 0823-32-1123
📍 吳市宝町5-20
🕐 9:00～18:00
休 週二(逢假日則翌日休) 🅿 285輛

咖啡

昴珈琲店
すばるこーひーてん

地圖p.68-A
JR吳站 🚶 10分

　1959(昭和34)年創業的咖啡廳。昔日在大和戰艦內軍官

們偷喝的咖啡在此重現，名為「海軍桑的咖啡」(300g 1620日圓)，特色是入喉後仍唇齒留香。除了「海軍咖啡」以外，您還可以通過外帶享用100日圓的咖啡。

📞 0120-02-7730
📍 吳市中通2-5-3
🕐 9:00～17:00
休 週二 🅿 無

炸蛋糕

福住フライケーキ
ふくずみフライケーキ

地圖p.68-A
JR吳站 🚶 13分

　油炸糕是雞蛋、麵粉、砂糖混合揉成麵糰，包上豆沙餡再下去油炸，有點類似甜甜圈的點心。在店頭當場現炸，不妨大口嘗鮮品嘗看看。1個90日圓。

📞 0823-25-4060
📍 吳市中通4-12-20
🕐 10:00～19:00
　(售完打烊)
休 週二(逢假日則翌日休)
🅿 無

和菓子

椿庵博美屋
つばきあんひろみや

地圖p.144-F
JR吳站搭🚌廣電巴士長之木循環線4分，🚏東片山町下車 🚶 2分

　以吳的市花山茶命名的山茶花饅頭10個1050日圓(照片)，是曾進獻天皇、皇后兩位陛下的銘菓。使用阿波和三盆糖，有著不留後味的清爽甘甜。銅鑼燒的麵糰加入糯米粉揉出來的椿路餅150日圓、內含一整顆栗子的樽木160日圓等，種類十分豐富。在中通、宇品也設有分店。

📞 0823-22-1638
📍 吳市中央5-8-15
🕐 9:00～18:00
休 週四 🅿 3輛

住宿指南

吳阪急酒店 呉阪急ホテル	📞0823-20-1111／地圖p.68-B／Ⓢ6500日圓～、Ⓣ14000日圓～	
	●能品嘗到瀨戶內海美味的附晚餐住宿方案也很受歡迎。	
VIEW PORT KURE HOTEL ビューポートくれホテル	📞0823-20-0660／地圖p.68-B／Ⓢ5900日圓～、Ⓣ10400日圓～	
	●在房客專用的大浴場悠閒泡湯放鬆。早餐可在能將吳市區盡收眼底的最頂樓享用。	
吳ステーションホテル	📞0823-21-3662／地圖p.68-A／Ⓢ7500日圓～、Ⓣ13000日圓～	
	●從車站走2分鐘即到的絕佳位置。全部77間的房間中也有和式房間。	

島波海道

跳島海道

みどりい　広島IC　安佐南区
おおまち　あきやくち
ふるいち　かみふかわ
ふるいちばし　しもぎおん　へさか
なかすじ　広島東IC
にしはら　アストラムライン
ふちうんまえ

廣島 P.102
廣島城 P.108 **東区**
ひろしま　やが
和平紀念公園 府中町
P.110　てんじんがわ
中区
比治山公園
南区

安佐南区
志和IC　山陽自動車道
山陽本線　興屋PA
せ　西条IC　にしたかや
2　けじ　しらい
水丸山　486　**西条**
△660　さいじょう　東広島JCT　小谷
P.127　**東広島市**
ひがしひろしま

安芸区
なかのひがし
あきなかの
むかいなだ
かいたいち
海田町
海田大橋
やの
坂町
さか
熊野町
広島熊野
道路

小田山　山陽新幹線
△719

95

375

かざはや
185
大芝島
やすうら

広島港
広島大橋
みずしり
当広島港
～小島港
切串港　てんのう

江田島 P.64
かるがはま
小用港
よしうら

舊海軍兵學校 P.68
江田島市
能美島

くれポートピア

灰ヶ峰
△737

呉市　メロンパン本店 P.71
かわいじんくれ
呉港 **呉** P.64
あきあが
呉線　ひろ
Alley烏小島公園
P.65　音戸の
瀬戸公園 P.68
音戸観光文化会館　うずしお

野呂山
△839

あと　グリーンピアせとうち

安芸津　かざはや

廣島前
あきかわじり
川尻港

安芸灘大橋
田戸
宮盛港
三角港

F

〈廣島・呉～戀漬～御手洗〉
廣島巴士站中心・
經呉站前

見戸代
P.94
三之瀬
上蒲刈島
廣島・呉～ヒ上方・
三之瀬～宮漬
宮盛港

大崎下
P.94
豊浜桟橋
恋ヶ浜
豊島
沖友天津

東能美島
早瀬瀬戸
487

瀬戸内海汽船
広島～松山

下蒲刈島
P.94
下黒島
上黒島
尾久比島

跳島海道

廣島縣

倉橋島
桂浜ドック跡
桂浜神社本殿
長門の造船歴史館

斎島
安居島

J　**愛媛縣**
久比浦

往木江(天満港)・竹原
小島
山陽商船
大長港
豊町大長

大長～御手洗
1:25,000
0　　　500m
N

廣島縣 **愛媛縣**

有咖啡、簡餐
オレンジハウス

往平羅機
呉市
豊市民
センター
宇津神社

有候船室、窗口、
旁邊也有出租自行
車（MARUSAN
百貨公司）

P.96 **御手洗**
七御落遺跡
※寄港する船の便数少ない
往今治港

看到許多採収
柑橘的農船

海岸旁的平坦道路

由故鄉學園旁邊往感受歷史
的山丘公園的陡坡步道，是
俯瞰御手洗地區多島美的絕
佳賞景地點

豊町御手洗
御手洗港

96-97

若胡子屋跡・滿舟寺
天満宮

御手洗灯台
佳菜園地
歷史の見える丘公園

斎瀬

野忽那島　予讃線
おおうら
あさなみ

鹿島
いよほうじょう
睦月島
往松山(松山觀光港)　**松山市**

乗船和巴士
遊覽瀬戸各島
西瀬戸内海
交通MAP

1:282,000

周邊廣域地圖 P.144-145

島波海道·跳島海道

連接生口島(廣島縣)和大三島(愛媛縣)的多多羅大橋

區域的魅力度

島嶼風景
★★★★★

觀光景點
★★★

美食饗廳
★★★★

火熱資訊:
八朔橘等柑橘類的盛產期是1～3月。海鮮類的產季,真鯛是春季、章魚的話是秋季。

編織出多島美的絕美景緻,與感受悠久歷史的港都

　　幾乎位於瀨戶內海的正中央,在島波海道·跳島海道一帶,散布著好幾個比較起來面積算大的島嶼。擁有深遠歷史的神社與佛閣、可以眺望連結多島美巨大吊橋美景的絕佳地點、以及豐富的海產與柑橘類。由於各島嶼間有橋樑連結帶來了交通上的便利,讓遊客能輕鬆地享受到島上悠閒的氛圍,與美味的料理。這裡是瀨戶內海中最值得造訪的區域。

HINT

前往島波海道·跳島海道的方法

　　在島波海道當中,要前往靠近廣島縣的三島(向島·因島·生口島)的話,從尾道(p.42)或三原(p.56)搭乘船或高速巴士最為方便。欲往靠近愛媛縣三島(大三島·伯方島·大島)的話,可以搭乘以福山站為起點的高速巴士「島波Liner」。

　　如果要從尾道前往大三島以南之處的話,可以坐路線巴士到因島大橋BS後,再在那裡換搭島波Liner即可。

●前往跳島海道

　　由於各座島嶼間都建有橋樑,所以推薦搭乘路線巴士從JR吳線廣站搭乘瀨戶內產交巴士(☎0823-70-7051)至三之瀨約25分,到御手洗約1小時19分。從廣島巴士中心搭乘山陽巴士(☎0846-65-3531)至下蒲刈中學約1小時39分(再步行約20分可到三之瀨),到御手洗約2小時18分。吳站前同樣搭乘山陽巴士至下蒲刈中學約50分,到御手洗約1小時29分。

觀光詢問處

尾道觀光協會
☎0848-36-5495
因島觀光協會
☎0845-26-6111
瀨戶田町觀光服務處
☎0845-27-0051
大三島觀光服務處
(しまなみの駅 御鳥)
☎0897-82-0002
今治地方觀光協會
☎0898-22-0909
吳市豐町觀光協會
(御手洗休憩所)
☎0823-67-2278
吳觀光協會
(跳島海道)
☎0823-21-8365

情報サイト SHIMAP

　　島波海道的資訊情報網站(https://shimanami-cycle.or.jp/)。有活動訊息、實地親身體驗、住宿設施等資料外,也有從航海圖搜索船運行時刻的便利功能。

島波海道的交通圖

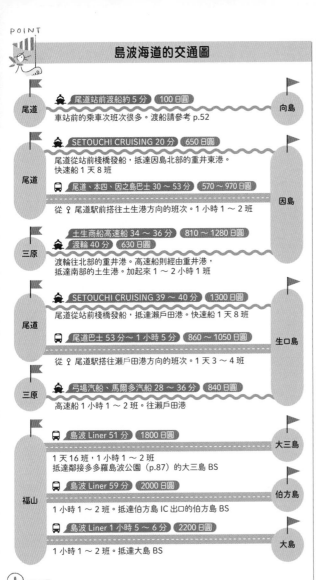

尾道 🚢 尾道站前渡船約 5 分　100 日圓 **向島**
車站前的乘車次班次很多。渡船請參考 p.52

尾道 🚤 SETOUCHI CRUISING 20 分　650 日圓 **因島**
尾道從站前棧橋發船，抵達因島北部的重井東港。
快速船 1 天 8 班
🚌 尾道、本四、因之島巴士 30 ～ 53 分　570 ～ 970 日圓
從 🚏 尾道駅前搭往土生港方向的班次。1 小時 1 ～ 2 班

三原 🚤 土生商船高速船 34 ～ 36 分　810 ～ 1280 日圓 **因島**
🚢 渡輪 40 分　630 日圓
渡輪往北部的重井港。高速船則經由重井港，
抵達南部的土生港。加起來 1 ～ 2 小時 1 班

尾道 🚤 SETOUCHI CRUISING 39 ～ 40 分　1300 日圓 **生口島**
尾道從站前棧橋發船，抵達瀬戶田港。快速船 1 天 8 班
🚌 尾道巴士 53 分～ 1 小時 5 分　860 ～ 1050 日圓
從 🚏 尾道駅前搭往瀬戶田港方向的班次。1 天 3 ～ 4 班

三原 🚤 弓場汽船、馬爾多汽船 28 ～ 36 分　840 日圓 **生口島**
高速船 1 小時 1 ～ 2 班。往瀬戶田港

福山 🚌 島波 Liner 51 分　1800 日圓 **大三島**
1 天 16 班，1 小時 1 ～ 2 班
抵達鄰接多多羅島波公園(p.87)的大三島 BS
🚌 島波 Liner 59 分　2000 日圓 **伯方島**
1 小時 1 ～ 2 班。抵達伯方島 IC 出口的伯方島 BS
🚌 島波 Liner 1 小時 5 分～ 6 分　2200 日圓 **大島**
1 小時 1 ～ 2 班。抵達大島 BS

交通詢問處

尾道巴士
☎ 0848-46-4301
中國巴士
(島波 Liner)
☎ 084-953-5391
瀬戶內巴士今治營業所
☎ 0898-23-3881
瀬戶內海交通大三島營業所
☎ 0897-82-0076
本四巴士
☎ 0845-24-3777
向島運航
☎ 0848-22-7154
SETOUCHI CRUISING
☎ 0848-36-6113
土生商船、弓場汽船
☎ 0845-22-1337
馬爾多汽船
☎ 0848-64-8527
(島波海運)
因島計程車(因島)
☎ 0845-22-2255
上浦交通(大三島)
☎ 0897-87-2400

島波・跳島海道

關西方面～愛媛的移動上方便的夜行船

如果已經渡過島波海道到達四國方面的今治的話，回程可以嘗試搭乘夜晚航行的渡輪。需先搭乘免費巴士到東予港。搭上夜間航行的 Orange 渡輪(☎ 0898-64-4121)，隔天早上的 6 時 10 分會抵達大阪南港。但可以待在船裡休息到早上 8 點，十分貼心。

船內備有觀景浴室與三溫暖、餐廳等，船上的設施十分齊全完善。2 等船艙 6900 日圓起(不含燃料調整費用)

HINT

遊覽順序的小提示

島波海道的各座島嶼上有著好幾個港口，搭船前往時要注意的是，目的地顯示的不是島名，而是抵達的港口名。由於「島波Liner」基本上是行駛於西瀬戶自動車道，所以巴士站距離市區很遠。建議事前就能查詢好在島內移動的計程車等交通工具資訊。行駛於尾道站和因島・生口島間的路線巴士，在尾道市內、或是島內的一部分巴士站，會限制只能上車或是只能下車。

因島的土生港，有著為數眾多前往周邊島嶼的航線。以兩島為據點，試著再朝周邊的小島探訪也是不錯的選擇。

好好地觀賞多島之美與長大橋樑

島波海道是
自行車手們的天堂！

●領路者
NPO法人自行車觀光島波
自行車散步嚮導 宇都宮一成

身為NPO法人自行車觀光島波的自行車散步嚮導，推廣以島波海道為據點，愉悅享受騎乘自行車的活動。由於太喜歡自行車，所以騎著雙人自行車環遊世界。和妻子兩人花了10年的歲月，騎過88個國家。

初學者也能輕鬆愉快騎自行車

島波海道已經是全世界自行車騎手所憧憬的「自行車聖地」。這條路線最傑出的是，無論是進階或者是初學者，都能盡情地享受到騎乘自行車的樂趣。不僅能欣賞到瀨戶內海特有的壯觀多島美，還有騎乘於長大橋樑上感受到的暢快感，是其他交通工具所無法比擬的。島內的車輛與交通號誌不多，所以能在無壓力的環境下騎自行車。

一口氣從尾道直接騎到今治也是可行，但不妨悠閒地在島內慢騎自行車，盡情地沉溺於離島的濃厚風情當中吧。在大啖特產料理之際，還能接觸到熱情待客的島上居民們，絕對能讓您感受到身心靈上的極大滿足。由於各島嶼之間有連結的航線，將渡輪加入您的自行車旅遊計畫當中也是不錯的選擇。

POINT

島波海道自行車觀光　基本資訊

●季節

雖然全年都適合騎車，但最推薦有著溫和氣候的4～5月與10月。而且日落的時間也晚，在行程上的編排較有彈性。冬季雖有強風會感到寒意，但路上不會有積雪。

●所需天數

可以的話請試著在其中一座島嶼住宿一晚。如能住上兩晚，更能享受到觀光的樂趣。初學者可以規劃早上8～9時開始騎車，騎到傍晚5時左右結束。1天中的騎乘距離以30～40km為基準。

●租賃自行車

島波海道有15間出租自行車中心（右頁MAP內的 CT ），各

個站點可以隨意租車還車。推薦初學者租用好騎的越野自行車。也可租借附掛籃的自行車。還可免費借用安全帽。

●用餐

島內的餐廳、超市與便利商店數目不多，某些騎車路線上甚至找不到。請務必事先準備好隨身糧食，避免體力耗盡。

●洗手間・供水

各商店、住宿與觀光設施會免費提供，尤其是島波海道自行車綠洲（http://www.cycle-oasis.com）最為方便。

●問題疑難解決

由車輛維修工廠、或加油站等當地的有志之士，組織了「島波島走急救隊（http://

tousou-rescue.com）」提供簡單的修理與零件調整供騎手利用。計程車公司也提供將整台自行車搬運到想去地點的急難救助計程車服務。

●過橋方式

西瀨戶車道（島波海道）上能夠騎乘自行車的路段僅限於橋的部分。島內則是騎於一般道路上。自行車進出橋的出入口，和車輛交流道出入口有所不同。往橋的路線雖然是繞遠路的緩坡，多少還是會感到吃力。騎下坡容易放快速度，請也要注意到其他自行車與行人的安全。

島波自行車之旅 標準路線

路線①〈尾道～大三島〉

第 1 天	第 2 天
開始	因島／土生
尾道 尾道渡船乘船處	↓ 5.5km 🚲 25 分
↓ 船 3 分／1.5km 🚶 10 分	05 生口橋
01 岩屋山	↓ 7.8km 🚲 35 分
↓ 7.0km 🚲 30 分	06 耕三寺
02 因島大橋	↓ 7.0km 🚲 30 分
↓ 3.5km 🚲 50 分	07 多多羅大橋
03 白瀧山	↓ 16.0km 🚲 75 分
↓ 11.0km 🚲 45 分	08 大山祇神社
04 因島／土生過夜	↓ 0.3km 🚲 5 分
	09 生樹之御門
	↓ 0.7km 🚲 3 分
路線全長 61.3km	10 安神山
	↓ 1.0km 🚲 5 分
標準騎車時間 約 5 小時	終點 大三島／宮浦

尾道港(站前港灣停車場)
📞 0848-22-5332
🕐 7:00 ～ 19:00
(12 ～ 2 月 8:00 ～ 18:00)

尾道市民中心向島
📞 0848-44-0125
🕐 8:30 ～ 19:00
(12 ～ 2 月～18:00)

開始 尾道渡船乘船處

尾道

01 岩屋山

新尾道大橋
尾道大橋

🅟 後藤鑛泉所 p.80

岩子島 → 向島

西瀨戸自動車道

山陽本線

因島大橋 02

🅢 はっさく屋 p.81

白瀧山 03

佐木島

因島

瀨戸田町觀光服務處
📞 0845-27-0051
🕐 9:00 ～ 17:00

生口橋 05

高根島

04 土生／過夜

土生港
(土生市營中央停車場)
📞 0845-22-3362
🕐 8:30 ～ 17:00
(12 月～2 月～18:00)

日落海灘

生口島

ドルチェ瀨戸田本店 p.82

尾道市瀨戸田日落沙灘
📞 0845-27-1100 🕐 9:00 ～ 17:00

大三島出租自行車中心
(休息站「しまなみの駅御島」)
📞 0897-82-0002
🕐 8:30 ～ 17:00

08 大山祇神社

大三島

06 耕三寺・耕三寺博物館

07 多多羅大橋

09 生樹之御門

上浦出租自行車中心
(休息站「多々羅しまなみ公園」)
📞 0897-87-3855 🕐 9:00 ～ 17:00

10 安神山

Limone p.84

終點 宮浦
開始 宮浦

🅟 お食事処 大漁 p.83

今治市伊東豊雄建築博物館 01

大三島橋 02

伯方島

03 寶股山

04 有津／過夜

枯井山 07

05 伯方・大島大橋

伯方出租自行車中心
(休息站「伯方 S・C パーク」)
📞 0897-72-0018
🕐 9:00 ～ 17:00

大島

06 宮窪瀨戸潮流體驗

吉海玫瑰公園 08

吉海出租自行車中心
(休息站「よしうみいきいき館」)
📞 0897-84-3233
🕐 9:00 ～ 17:00

來島海峽大橋 09

宮窪出租自行車中心
(宮窪觀光服務處)
📞 0897-74-1074
🕐 9:00 ～ 17:00

來島きっちん p.86

中央出租自行車中心
(Sunrise 糸山)
📞 0898-41-3196
🕐 8:00 ～ 20:00
(10 ～ 3 月~17:00)

糸山展望台 10

予讚線

今治港港交流中心
自行車租借總站
📞 0898-35-5090
🕐 9:00 ～ 17:00

今治

JR 今治站
臨時出租自行車中心
📞 0898-34-3190
🕐 8:00 ～ 20:00

〈出租自行車的注意事項〉
● 全自行車中心的租借費用為均一價。成人(國中生以上)1100 日圓。保證金 1100 日圓(於借佛的中心或同島內的中心還車時則歸還保證金)
● 可於任何的自行車中心還車
● 電動腳踏車僅成人 1 日 1600 日圓,僅限租借地方還車。

路線②〈大三島～今治〉

第 1 天	第 2 天
開始 大三島／宮浦	伯方島／有津
↓ 8.0km 🚲 40 分	↓ 3.4km 🚲 17 分
01 今治市伊東豊雄建築博物館	05 伯方・大島大橋
↓ 15km 🚲 1 小時 20 分	↓ 4.0km 🚲 20 分
02 大三島橋	06 宮窪瀨戸潮流體驗
↓ 11.5km 🚲 60 分	↓ 4.6km 🚲 45 分
03 寶股山	07 枯井山
↓ 7.0km 🚲 20 分	↓ 7.5km 🚲 30 分
04 伯方島／有津過夜	08 吉海玫瑰公園
	↓ 8.0km 🚲 35 分
路線全長 78.2km	09 來島海峽大橋
	↓ 2.5km 🚲 15 分
標準騎車時間 約 6 小時 30 分	10 糸山展望台
	↓ 6.7km 🚲 30 分
	終點 JR 今治站

※ CT 為自行車中心
※ 所需小時,平坦道路時速約 15km、騎上坡約時速 7km 為準
※ 山為自行車能騎到的最高處,橋以中央部分為距離標準

島波海道／美景自行車環遊

到處都是在別處看不到的絕美景緻！

島波海道
美景自行車環遊

騎上自行車後，令人想造訪的萬中選一行車路線與景觀地。在放鬆身心給自己重新充電的同時，好好地享受這趟自行車遊島之旅吧。

※CS=腳踏車架

尾道

從尾道搭乘渡船3分可到達向島

向島 むかいしま

都會風情的西邊與鄉村悠閒風景的東邊。有餘力的話請一定要往東行體驗離島情懷。

One Point

10分

在這裡休息

彈珠汽水
270日圓

裝在懷舊風玻璃瓶內的彈珠汽水有著滿滿的碳酸，保留昭和5（1930）年創業時的不變風味。

後藤鑛泉所 ☎0848-44-1768 ／♀尾道市向島町755-2
🕗8：30～17：30／休不定休／地圖p.89-A

美景VIEW!!

01 岩屋山
いわややま

位於尾道大橋旁海拔高102m的山丘。將自行車停於山腳的大元神社，步行10分可到。這裡遍布著許多不可思議的巨石群，據說是古代巨石信仰的聖地。探訪這些巨石的路線，被稱為「岩屋山尋祕之旅」，車道設備完善。從山頂可將尾道水道一覽無遺。

簡單輕易就能造訪的能量氣場。在此好好地吸納天地精氣吧。

尾道觀光協會 ☎0848-36-5495
♀尾道市向東町 ＊自由參觀
休無休 免費 地圖p.89-A

02 因島大橋

全長1270m。橋構造為上下兩段，自行車僅能行駛於下段。騎行於橋中卻會有宛如身處隧道中的不可思議感。自行車通行費50日圓。

因島 いんのしま

往東繞行的體能極限路線適合對自己腳力有信心的人。若是初學者，則推薦騎行往西繞的沿海平坦道路路線。

One Point

在這裡休息

八朔橘大福
200日圓

因島發源的柑橘‧八朔橘內餡的大福。八朔橘帶有的酸與苦味，和白豆沙餡的組合可說是絕配。

はっさく屋 ☎ 0845-24-0715 ／尾道市大浜町246-1／🕐 8:30～17:00／㊡週一、二（逢假日則翌日休）／有CS／地圖p.89-A

以山頂為目標走到8合目後，爬上陡坡再步行最後的10分即可攻頂。加油！

03 白瀧山
しらたきやま

海拔226m，因島代表性的觀景地點。從山腰一直到山頂遍布有著不同表情的700座的石佛，石佛眺望瀨戶內海一景醞釀出獨特的氛圍。山頂因可欣賞到絕美夕陽而聞名於世。

尾道因島総合支所しまおこし課
☎0845-26-6212
📍 尾道市因島重井町
＊自由參觀 ㊡無休 💰免費
地圖p.89-A

50分

45分 04 土生

TEKU TEKU COLUMN

想多走個景點的話──岩城島

以「翠綠檸檬之島」而聞名的岩城島（地圖p.89-B，上島町岩城綜合分部☎089 7-75-2500），是座騎乘自行車約2小時就能繞島一周的小而美島嶼。在此可一邊騎車一邊欣賞美麗海景與檸檬田。在海拔370m的積善山，因有約3000株的櫻花樹而聞名。隔著櫻花眺望的瀨戶內海風景美得令人屏息。

●從因島土生港到岩城島長江港搭乘渡輪需13分。長江渡輪（☎0897-75-2580）

島波海道／美景自行車環遊

81

05 生口橋

於1991年開通，橋長為790m。日本第一座的斜張橋。可以看到因島的造船所、或生名島及岩城島等島嶼的全景，令人感覺心情舒爽。
自行車通行費50日圓。

35分

生口島 いくちじま

最為推薦北邊的日落沙灘一帶。
還可看到當地特色的
檸檬谷及檸檬田。
One Point

在這裡休息

義式冰淇淋（單球）
400日圓

使用瀨戶田生產的檸檬與伯方鹽等多樣在地食材所製成的手工冰淇淋。

ドルチェ瀨戶田本店 ☎ 0845-26-4046 ／ ♀ 尾道市瀨戶田町林20-8 ／ ⏰ 10:00～17:00 ／ ✖ 無休
／有 CS　地圖 p.89-B

美景 VIEW!!

06 耕三寺·耕三寺博物館
こうさんじはくぶつかん（こうさんじ）

實業家耕三寺耕三為了弔念逝世的母親而創建的寺院。在博物館當中，展示著包含重要文化財的佛教與茶道美術、近代美術品等珍貴的美術收藏品。以大理石建造出的庭園「未來心之丘」也非常值得一見。

☎ 0845-27-0800
♀ 尾道市瀨戶田町瀨戶田 553-2
⏰ 9:00～17:00　✖ 無休
💴 1400 日圓　有 CS　地圖 p.91

30分

07 多多羅大橋

全長1480m。斜張橋的吊索兩側十分壯觀。在主塔中有著互擊拍子木就能產生回響的「多多羅鳴龍」。
自行車費用100日圓。

1小時15分

大三島 おおみしま

試著繞行島半圈吧。北半部道路比較平坦好騎。南半部則是有著不少連續起伏的坡道。
One Point

08 大山祇神社
おおやまづみじんじゃ

因供奉海、山、武神而被世人熟知，眾多的武將將其武具奉納於此處，皆展示於寶物館中。保祐平安的安全帽御守很受到自行車手們的歡迎。

☎ 0897-82-0032　♀ 今治市大三島町宮浦
＊境內自由　💴 寶物館 1000 日圓(休館中)
有 CS　地圖 p.93-A

09 生樹之御門
いきぎのごもん

　位於大山祇神社奧之院的參道上有一棵樹齡約3000年的樟樹，樹幹的根部處形成彷彿門一般的空間。由於必須穿過此處才能參拜奧之院，所以被稱為「生樹之御門」。據說可以為信徒們帶來長生不老的庇佑。

今治市役所大三島支所
☎ 0897-82-0500
📍 今治市大三島町宮浦
＊自由參觀　休無休　¥免費
有 CS（大山祇神社）
地圖 p.93-A

美景 VIEW!!

宛如進入異世界的入口，渾然天成的造型錯過可惜！

2分

到登山口
3分

在這裡休息

海鮮丼
780日圓

　開店前就大排長龍的這間食堂，最受歡迎的料理是將切成厚片的生魚片，豪爽地鋪在飯上的海鮮丼。

お食事処 大漁 ☎ 0897-82-1725／今治市大三島町宮浦 5507-1／⏰ 11:30～15:00（14:30LO）／休週六日　地圖 p.93-A

10 安神山
あんじんさん

　位於大山祇神社內3座神體山的其中一座。自行車可以先停在山腰的安神山わくわく公園，再步行於名為鷲頭山自然研究路的登山道爬上山頂。雖然是段攀爬險峻斷崖的路線，卻也是條可以眺望瀨戶內海多島美的步道。

今治市役所大三島支所
☎ 0897-82-0500
📍 今治市大三島町宮浦3811
＊自由參觀　休無休　¥免費
地圖 p.93-A

美景 VIEW!!

從登山口到達山頂，約需步行1小時。登山道的設備狀態完善。

大三島
宮浦

40分

美景 VIEW!!

01 今治市伊東豐雄建築博物館

いまばりしいとうとよおけんちくみゅーじあむ

由代表日本的建築家‧伊東豐雄所設計的日本第一座建築博物館。建造於可以俯瞰瀨戶內海的絕佳位置。也設有以人的造型設計成的獨特自行車架。

☎ 0897-74-7220
📍 今治市大三島町浦戶 2418
🕘 9:00～17:00　🈺 週一（逢假日則翌日休）、過年尾聲
💴 840 日圓　有 CS　地圖 p.93-A

位於能眺望安藝灘的山地上，可欣賞到夕陽西落美景之處。

在這裡休息

Limoncello
冰淇淋最中
200日圓

以自家製檸檬利口酒口味的冰淇淋為餡，包入薄皮的最中內。是款散發檸檬香味且冰涼爽口的甜點。另有許多柑橘類周邊商品。

リモーネ
Limone　☎ 0897-87-2131
／📍 今治市上浦町瀨戶 2342／🕙 11:00～17:00／🈺 週二、五（12～2月有不定休）地圖 p.93-A

1 小時
20分

02 大三島橋

1979年開通的島波海道最古老的橋。全長328m。眺望大三島南海岸的景觀很美。自行車費用50日圓。

1 小時

從伯方島IC往山頂附近的停車場，騎自行車約要爬30分的坡。接著繼續步行15分就可到達海拔304m的山頂。

伯方島 はかたじま

因為道路平坦，所以約1小時就能繞行島一圈。如果有喜歡騎爬坡的人，可以挑戰島上最高峰的寶股山。

One Point

03 寶股山

ほこさん

海拔304m，是伯方島內最高的山。從古代就被日本人信奉為巨石信仰的聖山。目前山頂上能看到放置巨石的遺跡。從山頂可以環視360度的遠景，可將伯方、大島大橋、大三島橋、多多羅橋等三座橋盡收眼底。

美景 VIEW!!

今治市役所伯方支所
☎ 0897-72-1500
📍 今治市伯方町有津
＊自由參觀　地圖 p.93-A

20分

04 伯方島有津

17分

05 伯方‧大島大橋

開通於1988年，橋全長1230m。在兩座橋中間的見近島雖是無人島，但島上有海灘與露營場。自行車費用50日圓。

大島 おおしま

島的東西海岸線有著無與倫比的海岸景觀。但需注意東海岸是條富挑戰性的路線。

One Point

美景 VIEW!!

06 宮窪瀨戶潮流體驗
みやくぼせとちょうりゅうたいけん

活躍於近世瀨戶內海的海盜，能島村上將能島作為根據地。在島周圍有時能看到最大10海浬（時速約18km）潮流形成的漩渦。可以從船上近距離看到湍急的潮流。所需時間約40分。有2名乘客即可開船。

魚食レストラン能島水軍
📞 0897-86-3323
📍 今治市宮窪町宮窪1293-2
🕐 9:00～受理至16:00
🚫 週一（逢假日則翌日休）
💴 1200日圓　地圖p.93-B

獲書店大獎的小說《村上海軍的女兒》的舞台就是這裡！

🚲 45分

山頂茶屋只在限定的期間內營業，還提供數量限定的著名咖哩。

07 枯井山
かれいやま

從大島IC騎自行車40分，在海拔232m的山上，從瞭望台可將宮窪瀨戶和伯方・大島大橋一覽無遺，而洶湧的潮流就在正下方。山頂有僅限

今治市役所宮窪支所
📞 0897-86-2500
📍 今治市宮窪町宮窪
＊自由參觀　有CS　地圖p.93-B

春～秋季的週六日與假日營業的咖啡廳，遠見茶屋（10:00～16:00）。

島波海道／美景自行車環遊

🚲
35分

美景 VIEW!!

08 吉海玫瑰公園
よしうみばらこうえん

從嬌嫩的古典玫瑰到一年四季綻放的現代玫瑰，這座玫瑰花園栽種了來自世界各地約400種玫瑰。有100種玫瑰是移植自法國的著名玫瑰園「Val-de-Marne」。適合遊客在此歇息駐足。

今治市役所吉海支所住民サービス課
☎ 0897-84-2111
📍 今治市吉海町福田1292
＊ 自由參觀　地圖p.93-B

帶有些許玫瑰香氣的特產薔薇冰淇淋售價250日圓。

在這裡休息

炸小魚餅
120日圓

在這裡可以吃到將來島海峽產的小魚，油炸而成的炸小魚餅。

来島きっちん（渦浦漁協女性部）鄰接道の駅よしうみいきいき館☎0897-84-3710／📍今治市吉海町名4520-2／⏰9:30～售完打烊／休僅週六日、假日營業／有CS　地圖p.93-B

🚲 35分

09　來島海峽大橋

3座橋連結為海峽大橋，在此可一邊俯瞰來島海峽，一邊享受騎往四國的自行車之旅。全長4105m，於1999年全線開通。自行車費用200日圓。

10　糸山展望台

如果在夕陽西洛前還有時間，請一定要來拜訪此處，可以將來島海峽一覽無遺。夕陽美得令人難以形容。

🚲 15分

🚲 30分

今治站

來島海峽大橋的夜間點燈有限定日期。點燈日期可以參考本四高速的HP（https://www.jb-honshi.co.jp/customer_index/）！

美景 VIEW!!

照片：今治地方觀光協會

還有時間的話絕對不容錯過
還有更多！絕美景緻地點

除了前幾頁所介紹的景點外，島波海道內如詩如畫的景點多如繁星。大海、島嶼、以及夕陽所交織而出的離島風景，處處皆是絕無僅有且充滿獨特性。

生口島　日落沙灘　サンセットビーチ

夕陽西下於多美島的海景震懾人心。夏季是島波海道最優良的海灘，海水浴遊客絡繹不絕。同時設有露營場（1日1人200日圓），也提供出租帳篷的服務。

SBせとだ共同企業体♪0845-27-1100／從瀬戸田BS搭乘島內巴士東迴15分（瀬戸田港西迴5分），サンセットビーチ下車🚶1分／📍尾道市瀬戸田町垂水15 06-1／＊自由參觀／🅿100輛地圖p.89-B

浮現於夕陽中的島影美得如詩如畫

美景 VIEW!!

龜老山　きろうさん　大島

レストラン夢岬　ゆめみさき

位於公園內的餐廳。人氣菜色有盛有多量的比目魚或鯛魚等海鮮類的海鮮壽司丼1650日圓、或是夢幻般的高級魚，正石斑的握壽司御膳2200日圓等。

♪0897-87-3866／🕚11:00～14:00LO／🈚無休／🅿300輛／地圖p.93-A

多多羅大橋靠大三島方面的休息站。這裡是拍橋的最佳位置。照片是隔著裝飾藝術品拍下的一景。同時設有餐廳與特產品販售部。

大三島 BS🚌即到／♪0897-87-3866／📍今治市上浦町井口9180-2／🕘9:00～17:00／🈚無休／🅿300輛　地圖p.93-A

島波海道／美景自行車環遊

山頂商店的玉藻鹽冰很受歡迎。

1️⃣ 從瞭望台眺望的景。左側遠方為四國·今治（照片：今治地方觀光協會）🈂傍晚的夕陽也值得一見。與島影的對比美得令人屏息

從山頂的瞭望台可以將來島海峽一覽無遺。從國道317號往南距離約3.8km。路途雖然是陡峭的斜坡，越接近山頂眺望的景觀就越美。

JR今治站🚌瀬戶內交通巴士23分，龜山下車🚶1小時／吉海支所住民サービス課／📞0897-84-2111／📍今治市吉海町／🅿18輛地圖p.93-B

美景 VIEW!!

大三島　多多羅島波公園　多々羅しまなみ公園

「自行車手的聖地碑」必看！

美景 VIEW!!

島嶼遊逛

向島·因島·生口島

むかいしま・いんのしま・いくちじま

　從尾道搭乘渡船即到的向島上，分布著欣賞自然與花卉的景點。因島是過去村上水軍的根據地。幾乎位於島波海道中央位置的生口島，矗立著神社佛閣與歷史悠久的建築物。 ※交通指南請參考p.77

HINT
遊覽順序的小提示

　如果要從尾道市花卉中心或水軍城前往因島，從尾道搭乘巴士最為方便。若欲搭船前往因島北部，從尾道有高速船往重井東港，從三原則有渡輪或高速船往重井西港。如欲前往因島中心部的土生，三原與尾道皆有高速船發船。如欲前往生口島中心部的瀨戶田，可從尾道或三原搭乘高速船。

　至於島嶼間的交通往來，有連結因島的土生和生口島的瀨戶田的本四巴士，1天行駛5～7班外，尾道發船的高速船也會接連停靠靠重井東港和瀨戶田。生口島橋下方的金山～島崎間每隔20分也有渡輪運航，騎自行車的人可加以利用。

 向島　蝴蝶蘭 11000日圓

向島蘭花栽培中心
むかいしま

　有賴於向島的溫暖氣候，一整年皆販售此地產的蘭花。可欣賞不同品種蘭花的高雅姿態。

從JR尾道站搭尾道線前渡船往向島，再搭計程車10分／📞 0848-44-8808／🕘 9:00～17:00（休 週二（逢假日則翌日休）／💴 免費／🅿 55輛

 向島　參觀 20分

吉原家住宅
よしはら けじゅうたく

　1635(嘉永12)年落成，日本最老的農家建築。為日本重要文化財。可進到茅草屋頂農家內部參觀。

向島・兼吉渡船搭乘處計程車10分／📍 尾道市向烏町3854／休 週一～六／💴 300日圓

 向島　參觀 10分

高見山
たかみ やま

　從位於山頂附近的瞭望台，除了能遠眺因島等島嶼之外，天氣晴朗時還能將四國連山盡收眼底。

從向島・兼吉渡船搭乘處搭計程車20分／尾道市觀光課📞 0848-38-9184／📍 尾道市向島町／🅿 3輛

 因島　參觀 30分

因島水軍城
いんのしますいぐんじょう

　於1983(昭和58)年12月完成築城，在日本是稀有的城型資料館。由二之丸、隅櫓、以及本丸所構成。在資料館內，可以鉅細靡遺地瞭解從南北朝時代，活躍至室町・戰國時代的村上海軍歷史。

從JR尾道站搭🚌往因島土生港37分，在♀要橋轉乘島內路線巴士往因島大橋・久保田橋8分，從♀水軍城入口下車🚶10分／📞 0845-24-0936／📍 尾道市中庄町3228-2／🕘 9:30～17:00（1月2日～3日為10:00～15:00）／休 週四（逢假日則營業）／💴 330日圓／🅿 50輛

 因島　參觀 30分

因島花卉中心

　位於白瀧山山腳的植物公園。在1.8公頃廣袤的占地內栽種著四季不同的花卉。在大溫室裡栽培展示著如香蕉等的熱帶性植物。

從JR尾道站搭🚌往因島土生港30分，在♀因島北インタ一入口下車🚶10分／📞 0845-26-6212／📍 尾道市因島重井町1182-1／🕘 9:00～17:00／休 週二（逢假日則翌日休）／💴 免費／🅿 100輛

向島·因島·生口島

1:147,000

0　　　　3km

N

周邊廣域地圖 P.145

P.56
三原
山陽新幹線 みはら

三原港
三原市
三原国際ホテル

往廣島

185

筆影山 ▲311
すなみ
須波
呉線
往竹原

山陽本線

2

しまなみ交流館

P.42 尾道 おのみち

尾道大橋出入口
往西瀬戸尾道IC
千光寺公園

P.80
岩屋山 ▲102

尾道市
兼吉バス待合所

向東
BS

向東町

後藤鉱泉所 P.80

尾道港

向島
向島町

吉原家住宅 P.88

向陽蘭花栽培中心 P.88

立花臨海公園

向島IC
向島BS

西瀬戸自動車道

高見山 P.88 ▲283

岩子島
向島町岩子島

向島町細島

瀬戸内クルージング

マリン・ユース・センター

向島町立花

土生商船

小佐木島

弓場汽船・マルト汽船

小細島

大浜埼灯台

大浜PA

因島大橋BS
白瀧山 ▲226

因島大橋 P.81

因島大橋記念公園

因島大橋町

はっさく屋 P.81

重井東港
P.88 因島花卉中心

因島別荘白瀧山荘 P.100

因島北インター入口

重井西港
P.89 HAKKO公園

因島重井町
因島重井BS

因島北IC

因島坊秀策囲碁記念館

水軍城 久目

本因坊秀策の碑

梶ノ鼻

P.88 因島水軍城

金蓮寺 P.100

317

因島外浦町

佐木島

土生商船

鬼岩

因島
椋浦町

P.82 ドルチェ瀬戸田本店

瀬戸田町沢

90-91

尾道市瀬戸田町名荷

瀬戸田町名荷

因島南IC

艮神社 P.100
因島椋浦町

椋浦峠

高根島
瀬戸田町高根

平山郁夫美術館 P.91

P.82 生口橋
生口島北IC

因島田熊町

耕三寺博物館（耕三寺）P.82·90

瀬戸田港
瀬戸田町瀬戸田

生口島

牡蠣山 ▲408

（しまなみ海道）

赤崎

尾道市因島総合支所

因島三庄町

土生港

因島公園

地蔵鼻

日落海灘 P.87
サンセットビーチ

瀬戸田町垂水

観音山 ▲472

瀬戸田PA

生口島南IC

瀬戸田PABS

317

多多羅大橋 P.82

西瀬戸自動車道（しまなみ海道）

瀬戸田BS

瀬戸田町御寺

岩城

岩城島 P.81

積善山 ▲370

P.100 因島酒店

生名島

生名

生名島

弓削久司浦

弓削上弓削

弓削島 P.81

弓削神明

弓削瀬戸

上島町

往大三島IC

島嶼遊逛／向島·因島·生口島

因島　　參觀　30分

HAKKO公園

可參觀植物發酵食品「万田酵素」的製作過程、使用植物用萬田酵素栽種的白蘿蔔跟西瓜。

從JR尾道站搭●往因島土生港1小時、♀鬼岩下車●20分／☎0120-85-1589／♥尾道市因島重井町5800-95／⏰10:00~17:00／⏱週三／🅿20輛

TEKU TEKU COLUMN

整座島是美術館（生口島）

在生口島，有著不少千奇百怪形狀的裝飾藝術遍布於島上。島內展示著計17件的作品，全部都是作家自身選定設置場所，並且將該處的形象從無形化為有形。以將整座島形塑成一座美術館為概念，成功地將生口島的風景與現代藝術做出完美的結合。

「CATS DANCE」滑川公一（生口島南IC附近）

「翱空」真板雅文（瀬戸田日落沙灘）

隨興遊逛

 MAP

瀨戶田

せとだ

　瀨戶田是生口島面海玄關口的港都,也是現代日本畫家平山郁夫出生成長之地。散布於市區內的歷史悠久神社佛閣,以及野外雕刻藝術,值得玩味。

※交通指南參考p.77

開始	瀨戶田港		↓1.1km ⛵12分
↓0.1km ⛵5分		終點	瀨戶田港
01	向上寺		
↓0.5km ⛵2分			
02	潮音山公園		
↓0.2km ⛵10分			
03	鹽町商店街		
↓0.8km ⛵3分			
04	平山郁夫美術館		
↓0.2km ⛵3分			
05	耕三寺・耕三寺博物館		
↓0.2km ⛵2分			
06	卡菲・庫歐雷		

> ! HINT
>
> 步行距離 3.1km
>
> 標準遊逛時間 40分
>
> 如果是乘車造訪,可以將車停在位於瀨戶田港前、十字路口南的商工會旁的免費停車場,接著徒步遊逛城區是最好的選擇。

01　參觀 20分

向上寺
こうじょうじ

　三重塔建立於1432(永享4)年。匯集了室町時代禪宗建築的精髓,折衷中國風格與日本樣式而成,已被指定為日本國寶。

瀨戶田町觀光服務處 ☎0845-27-3377／◎尾道市瀨戶田町瀨戶57／＊自由參觀／Ⓟ6輛

02　參觀 30分

潮音山公園
ちょうおんざんこうえん

　登上潮音山的最高處就是這座有著良好視野的公園。遠眺俯瞰瀨戶田港、建於山腰的向山寺三重塔的朱紅色眩彩奪目。高根島、耕三寺與瀨戶田的街區風景映入眼簾,使心也受到了撫慰。初春遍地綻放的杜鵑花十分迷人。

瀨戶田町觀光服務處 ☎0845-27-0051／◎尾道市瀨戶田町瀨戶田／Ⓟ6輛

03　散步 30分

尾道商店街

　從乘船處到耕三寺一段長約600公尺的懷舊昭和商店街。有咖啡廳汐待亭、賣可樂餅的岡哲,還有中華料理せとだ等,有許多可順道停留的店家。

↑往三原・尾道

・往高根島

高根大橋

黃色的拱形橋

山腰的遊步道,春天一到杜鵑花盛開

往三重塔的陡峭階梯

潮音山公園

卍円林寺

三重塔

朝坡道走15分就是向上寺

5分

卍生口神社

向上寺

向上寺入口

瀨戶田水道

瀨戶田港

瀨戶田棧橋

START

GOAL

瀨戶田港

卍万德寺

卍淨泉寺

尾道市

穀神社 卍

往耕山寺沿路是和緩坡,但有參道商店往不妨逛逛商店悠閒走去

1分

旅館つつ井

P.91 向榮堂 Ⓢ

汐待亭

10分

西村燒肉店

アズミ瀨戶田

瀨戶田町瀨戶田

Ⓗ住之江旅館 P.91

中華せとだ

Ⓣ瀨戶田局

しまなみ信金

博愛幼稚園

瀨戶田港

往多多羅大橋

Ⓟ・尾道しまなみ商工会瀨戶田支所

05　參觀 40分

耕三寺・耕三寺博物館
こうさんじ　こうさんじはくぶつかん

　過去曾是企業家的耕三寺耕三,於母親逝世後出家為僧,並為了弔念故人而創建的寺院。從1936(昭和11)年起花費了近30年的歲月,參考了日本全國歷史悠久的佛閣與寺院的樣式後才得以復原。重現日光陽明門的孝養門、以及展示於金剛館內的美術品等,展現了佛教極樂淨土的世界。

平山郁夫美術館
ひらやまいく お び じゅつかん

館內介紹了平山郁夫從
童年的繪圖日記，直到代
表畫作的絲路系列等，所
有的人生軌跡。美術館也
收藏了大量描繪瀨戶田的
畫作，也同時展示設計作
品、素描與高畫質影片等 　珍貴資料。

📞 0845-27-3800／📍尾道市瀨戶田町沢 200-2／🕐 9:00～
17:00（入館至16:30）／🈺 換展期間則休館／💴 1000日圓／
🅿 40輛

維持古風的老街地區

瀨戶田
1:6,400
0　　　　　100m

周邊廣域地圖 P.89

往澤波船碼頭

N

地藏院卍

瀨戶田町沢

瀨戶田市民会館　　文 瀨戶田小
ベル・カントホール　瀨戶田観光案内所
　　　　　　　（レンタサイクルターミナル）
耕三寺前　　　　　　　　沢橋
04 平山郁夫美術館　　　　　　　　　3分
　　　　金剛館 M　　　　　　→往生口島北IC
瀨戶田体育館
岡哲商店　　　　山門　　　M 潮聲閣
（可樂餅）　　中門
わか葉 P.91　　しおみ寿司 ✕
波商店街 03
士ちどりドライブイン　　　法宝蔵
　　　　　　　　　　　　五重塔　　　僧宝蔵
　　　　　　　　　至心殿　　　　信楽殿
　　　　　　　　　　　　孝養門
　　　　　千仏洞入口 　卍本堂　千仏洞出口
耕三寺博物館（耕三寺）05
未来心の丘　　　　　2分

🎵 步行2分

カフェ・クオーレ 06 ●●●●●●●●●

カフェ・クオーレ
（未來心之丘）

位於耕三寺博物館內以
大理石建成的咖啡廳。從
大型窗可眺望瀨戶內海風
景。製作未來心之丘的雕
刻家・杭谷一東所設計完
全是大理石的空間內，裝
飾有雕刻著葡萄或維納斯
的柱子以及各式浮雕，令
人有宛若置身於地中海當
中的錯覺。桌椅全部都是
杭谷一東所設計製作的。
菜色有濃縮咖啡500日圓、 　或是披薩餃450日圓等的
輕食。

📞 0845-27-0755／📍尾道市瀨戶田町瀨戶田 553 -2
🕐 10:00～16:15LO／🅿 無休／🅿 40輛

向栄堂
こうえいどう

生口島為檸檬之島。使
用這種檸檬製作的點心伴
手禮很受歡迎。有代表
性的就是檸檬蛋糕。其中
又以向栄堂的檸檬蛋糕美
味好吃，遠近馳名。

わか葉

近海捕獲的活鰻就在
當場調理製作。澆淋祕密
祖傳醬汁的星鰻丼1655日
圓。切片後限1小時食用的
星鰻盡享膳（4000日圓）
附星鰻生魚片。

📞 0845-27-0134／📍尾
道市瀨戶田町瀨戶田 229
／🕐 7:00～18:00／🈺 不
定休／🅿 無

📞 0845-27-0170／📍尾道
市瀨戶田町瀨戶田520-1
／🕐 11:00～15:00、17:00～
21:30LO／🈺 週二（逢假
日則營業）／🅿 2輛

TEKU TEKU COLUMN

大林電影中登場過的老旅館・住之江旅館

在瀨戶內海捕撈上岸
後的海鮮類，只在用餐
前才烹飪調理。對於食
材的新鮮有一定堅持的
老字號旅館。能在此品
嘗到美味的鮮魚料理。
擁有140年歷史的建築
物，曾經是大林宣彥的 　電影《轉校生》的拍攝
場景之一。

📞 0845-27-2155／📍尾道市瀨戶田町瀨戶田 264-3
💴 1泊2食15000日圓～／🅿 5輛

📞 0845-27-0800／📍尾道市瀨戶田町瀨戶田 553-2
🕐 9:00～17:00／🈺 無休／💴 1400日圓／🅿 40輛

隨興遊逛／瀨戶田

MAP 島嶼遊逛

大三島・伯方島・大島

おおみしま・はかたしま・おおしま

位於島波海道靠近愛媛一側。大三島是瀨戶內海第5大，同時是愛媛縣最大的島。伯方島從前起製鹽業就很興盛，也是全國著名的天然鹽「伯方鹽」產地。大島則是戰國時代活躍於瀨戶內海的村上水軍的據點。　※交通指南參考p.77

※交通指南參考p.77

 大三島　參觀 40分

大山祇神社 寶物館
おおやまづみじんじゃ ほうもつかん

除了8件國寶外，也大量收藏了被國家或縣指定為重要文化財的武器及盔甲。

從大三島BS搭🚌瀨戶內海交通巴士せといち巴士12分／🚶即到／📞0897-82-0032／📍今治市大三島町宮浦3327／🕘9:00～16:00（最後受理至15:30）／💴1000日圓／🅿使用附近市營🅿50輛

 大三島　參觀 20分

今治市 大三島美術館
いまばり し おお みしま び じゅつかん

緊鄰大山祇神社，與神社協調的白牆為基調的美術館。館內的展示重點為中島千波、平松禮二、竹內浩一等活躍於現代的日本畫家作品。

從🚏大山祇神社前🚶即到／📞0897-82-1234／📍今治市大三島町宮浦9099-1／🕘9:00～17:00／🈲週一（逢假日則翌日休）、12月27日～12月31日／💴520日圓／🅿使用附近市營🅿50輛

! HINT 遊覽順序的小提示

大三島的景點主要集中於大三島BS附近與大山祇神社～宮浦一帶。伯方島和大島的景點則廣泛分布於島內。三座島除了島波Liner外，瀨戶內交通巴士·瀨戶內巴士也從今治·松山經大島·伯方島行駛至大三島。

 大三島　參觀 30分

Tokoro Museum 大三島

建於面海的和緩斜坡上的現代美術館。展示湯姆·維塞爾曼、NoE Katz等國際畫家的逸品。

從🚶大山祇神社前搭計程車10分／📞0897-83-0380／📍今治市大三島町宗戶2362-3／🕘9:00～17:00／🈲週一（逢假日則翌平日休）／💴310日圓／🅿5輛

 大三島　參觀 30分　　 神島饅頭 10入盒裝 910日圓

村上三島紀念館
むらかみさんとう き ねんかん

上浦町出身，受頒過文化勳章的村上三島的書法美術館。除了書法作品之外，也展示了古墨與硯台等收藏品。

從🚏大三島BS🚶10分／📞0897-87-4288／📍今治市上浦町井口7505／🕘9:00～17:00／🈲週一（逢假日則翌日休）／💴520日圓／🅿43輛

しまなみの駅 御島
えき み しま

店內擺放著當地海鮮加工品與柑橘類等商品。也買得到村上井盛堂的神島饅頭（神島饅頭10入盒裝910日圓）、或是大三島堂的大三島仙貝430日圓等名菓。

從🚶大山祇神社前🚶2分／📞0897-82-0002／📍今治市大三島町宮浦3260／🕘8:00～17:00／🈲無休／🅿33輛

 大三島　　入浴 520日圓

Mare Grassia 大三島
おお み しま

採用結合了海水、海藻、海洋氣候的海洋療法概念，目的是能提高身體活力的入浴設施。而露天浴池更是可以在感受美麗大海跟舒服海風的同時，邊享受泡澡。另外美容美體室、餐廳等設施都可以看到海，能充分體驗渡假村氣氛。

從大三島BS搭🚌瀨戶內海交通巴士せといち巴士14分，🚏宮浦農協下車🚶15分／📞0897-82-0100／📍今治市大三島町宮浦5902／🕘10:00～20:00（受理至19:30）／🈲週三、2月第1週二三四（過年期間則週三營業）／💴520日圓／🅿60輛

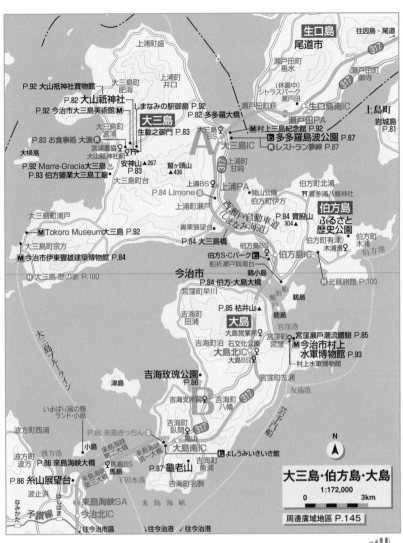

生口島
尾道市
往因島、尾道
317

上浦町盛
上浦町井口
瀬戸田町垂水
瀬戸田町御寺
317

P.92 大山祇神社寶物館
上浦町肥海
大三島町井口
上浦町井口
（休園中）
シトラスパーク
瀬戸田
生口島南IC
上島町
岩城島 P.81

P.82 大山祇神社
大三島町宮浦
しまなみの駅御島 P.92
P.82 多多羅大橋
瀬戸田萩
瀬戸田PA
M 村上三島紀念館 P.92

P.92 今治市大三島美術館
生欄之御門 P.83
多多羅島波公園 P.87
R レストラン夢岬 P.87

P.83 お食事處 大漁
宮浦漁協
大山祇神社前
安神山 ▲267
鷲ヶ頭山 ▲436
大三島IC
上浦町甘崎
大三島BS
A
大山祇神社台

大横島

P.92 Marre-Gracia 大三島
P.93 伯方鹽業大三島工廠
上浦PA
開山公園
伯方町北浦
蒼多浦八幡神社
伯方島

大三島町浦戸
P.84 Limone S
上浦BS
伯方町伊方
伯方町有津
伯方島 P.84 寶殿山
304▲
ふるさと
歴史公園

M Tokoro Museum 大三島 P.92
大三島町宗方
西瀬戸自動車道（しまなみ海道）
鼻栗展望台
P.84 大三島橋
伯方島BS
伯方IC
伯方町有津
木浦港
伯方港
伯方町木浦

M 今治市伊東豊雄建築博物館 P.84
伯方S・Cパーク
船折瀬戸観潮台
P.84 伯方・大島大橋
鵜島
H 光藤旅館 P.100

H 大三島憩の家 P.100
今治市
鵜小島
船折瀬戸
鵜島

宮窪町早川
P.85 枯井山 ▲
能島
宮窪港
宮窪瀬戸潮流體驗 P.85

吉海町田浦
大島
宮窪町宮窪
M 今治市村上
水軍博物館 P.93

大島営農所
石文化公園
大島北IC
大島BS
宮窪町友浦
村上水軍博物館

吉海町泊
B
椋山
友浦港

吉海玫瑰公園 P.86
津島
吉海町友浦

いばらり風の顔
ランド・小島
吉海支所前
吉海町八幡
317

波方町西浦
P.86 来島きっちん S
吉海町臥間
317

波方港
波方
小島
来島海峡第二大橋
大島南IC
よしうみいきいき館

P.86 来島海峡大橋
馬島BS
馬島
P.87 龜老山
吉海町
南浦
来島海峡第一大橋

P.86 糸山展望台
来島海峡第三大橋
下田水港
吉海町名駒

波止浜
なみかた
予讃線
来島海峡SA
今治北IC
来島海峡
予讃線

往今治市區
往今治港
往今治港

N

大三島・伯方島・大島
1:172,000
0   3km

周邊廣域地區 P.145

大島　　　參觀　40分

村上水軍博物館
むらかみすいぐんはくぶつかん

介紹村上水軍的歷史博物館。展示著數量眾多的珍貴資料。在博物館的體驗空間當中可以試穿日本的盔甲與和服。

從大三島BS搭🚌瀬戶內海交通巴士せとうち巴士16～19分，🚏石文化公園下車，轉乘🚌島內巴士友浦線8分於🚏村上水軍博物館下車🚶3分／☎0897-74-1065／♀今治市宮窪町1285／⏰9:00～17:00／⏰週一（逢假日則翌日休）、12月29日～1月3日／💰310日圓／🅿50輛

TEKU TEKU COLUMN

伯方鹽的工廠參觀

在製造「伯方鹽」的伯方鹽業大三島工廠（☎0897-82-0660）當中，可以參觀將進口的天日鹽溶解入日本海水後的製鹽工程。在工廠廠區內重現了以前存在於瀬戶內海的「流下式枝條架併用鹽田」。商品販賣部中有「され

ど塩」T恤2900日圓等商品，以及販售帶有微微鹹味的伯方鹽霜淇淋330日圓。

島嶼遊逛

跳島海道

とびしまかいどう

　為瀨戶內海西部的安岐灘諸島7島，與位於本州的吳市以7座橋樑連接起而起的路線。正式名稱為「安藝灘諸島連絡架橋」。大部分的道路皆是沿著海岸所架設，能夠令人近距離地感受到大海的氣息。請享受從古傳承至今的歷史與文化，以及充滿安穩祥和氛圍的離島風情。

※交通指南參考p.76

 下蒲刈島　　　　　參觀　40分

松濤園

しょうとうえん

　松濤園是由陶瓷器館、御馳走一番館、燈明館、蒲刈島御番所等4館組成的歷史資料館。陶瓷器館由18世紀末宮島商家舊木上宅邸遷建而來。珍藏伊萬里及古九谷等國內外的名品約800件。每隔2～3個月更換展示內容。銜接各設施的鋪設道路，是利用舊吳市電的鋪石與上關的屋瓦鋪設而成。

從JR廣站搭🚌跳島Liner 25分／♀三之瀨下車🚶3分／♪0823-65-2900／♀吳市下蒲刈町下島2277-3／🕘9:00～17:00（入館至16:30）／🈺週二（逢假日則翌日休）／💴800日圓／🅿50輛

 HINT

遊覽順序的小提示

　從廣島・吳・廣站搭乘高速巴士「跳島Liner」的話，巴士不會在下蒲刈島觀光景點集中的三之瀨停車。必須在♀下蒲刈中學校下車後，約步行20分到達。從廣站搭乘路線巴士的話，會在三之瀨停車。

　欲前往跳島海道的另一個著名景點，御手洗（參考p.96）的話，從竹原港搭乘高速船在大長港下船後，步行15分。另外也有航經御手洗港的船，不過僅有早上限定的一班。

 下蒲刈島　　　　　參觀　30分

蘭島閣美術館

らんとうかくびじゅつかん

　以下蒲刈島常見的野生春蘭來命名的美術館。建築是傳統的日本建築，而且融合了島上風情。定期展覽日本近代繪畫或是在地作家們的畫作。

從♀三之瀨🚶5分／♪0823-65-3066／♀吳市下蒲刈町三之瀨200-1／🕘9:00～17:00（入館至16:30）／🈺週二（逢假日則翌日休）／💴500日圓／🅿50輛

 下蒲刈島　　　　　參觀　20分

白雪樓

はくせつろう

　江戶時代末期，大地主山路機谷將京都的奇好亭改成2層樓的樓造建築，供許多漢學家鑽研學術之用。參觀過匠心獨具的建築內部後，可在休息時邊眺望庭園邊享用抹茶。

從♀三之瀨🚶5分／♪0823-65-3066／♀吳市下蒲刈町三之瀨197／🕘9:00～17:00（入館至16:30）／🈺週二（逢假日則翌日休）／💴400日圓／🅿50輛

跳島海道美食

鮮蝦天婦羅烏龍麵　627日圓

お月さん

　有許多老客人的家庭式食堂。鮮蝦天婦羅烏龍麵627日圓、使用自家種的梅子做的梅子烏龍麵572日圓。

家種的梅子做的梅子烏龍麵572日圓。

從♀三之瀨🚶2分，在♀吉川回槽店搭🚌下蒲刈地區生活巴士往大地藏3分，♀梶ヶ浜海水浴場下車／♪0823-65-3440／♀吳市下蒲刈町下島839-16／🕘11:00～17:00／🈺週一（逢假日則營業）／🅿20輛

縣民之濱／縣濱定食　1900日圓

お食事処あび

　位在縣民之濱內的用餐處，推薦使用新鮮海產的料理。海鮮飯跟縣濱定食（照片）很受歡迎。

從JR廣站搭🚌跳島巴士Liner 40分／♀營農センター下車🚶25分／♪0823-66-1177／♀吳市蒲刈町大浦7605／🕘11:00～14:00／🈺週一～五（逢假日則營業）／＊80席／🅿50輛

下蒲刈島 參觀20分

昆蟲の家 頑愚庵
こんちゅうのいえ がんぐあん

棲息在下蒲刈的多種昆蟲標本跟微小昆蟲自不用說，還展示日本的美麗蜻蜓、世界的美麗昆蟲以及

在廣島縣恐怕有滅絕之虞的昆蟲。

從三之瀬步行1分／☎0823-70-8007／♀吳市下蒲刈町下島2364-3／🕐9:00～17:00(入館至16:30)／🚫週二(逢假日則翌日休)／300日圓／🅿50輛

TEKU TEKU COLUMN

縣民之濱

被選為日本的海水浴場100選的海灘。除了可享受海水浴之外，也是座設有住宿地點與網球場等完備設施的養生度假中心。やすらぎの館(泡湯費用600日圓)，以使用地下500公尺處

湧出的天然溫泉為賣點。同時設有古代製鹽遺跡展示館(免費入館)。

♀營農センター🚶25分／☎0823-66-1177／♀吳市蒲刈町7605／🅿100輛

下蒲刈島 參觀30分

蘭島閣美術館 別館
らんとうかくびじゅつかん べっかん

常設展示西畫家寺內萬治郎所繪裸婦像等作品外，還有其珍愛的畫具跟調色盤等貴重物品。從山丘上能眺望對岸遠至蒲刈

大橋跟瀨戶風景。

從♀三之瀬步行4分／☎0823-65-2500／♀廣島縣吳市下蒲刈町三之瀬195番地／🕐9:00～17:00(入館至16:30)／🚫週二(逢假日則翌日休)／300日圓／🅿50輛

大崎下島 果汁 400日圓起

御手洗休息處
みたらいきゅうけいじょ

店面位於重要傳統性建築物保存地區內，借用了200年歷史的商家建築。本身除了是豐町觀光協會，向外界傳播觀光資訊

外，同時也販售島內的名產。咖啡廳的「鮮榨大長橘子汁」售價400日圓，果汁類很受歡迎。

JR廣站搭🚌跳島巴士Liner 1小時5分／♀御手洗港下車🚶2分／☎0823-67-2278／♀吳市豐町御手洗65／🕐平日10:00～16:00，週六日、假日9:00～16:30／🚫週二／🅿10輛

下蒲刈島 炸小魚餅 160日圓

海駅三之関
かいえきさんのせき

NPO法人開設的伴手禮店。出郵羅或是以針魚等季節小魚連皮帶骨磨碎後油炸而成的炸小魚餅(1個

160日圓)備受好評。也可以吃到現炸熱騰騰的商品。

從♀三之瀬🚶即到／☎0823-70-8282／♀吳市下蒲刈町下島2358-1／🕐9:00～17:00(現榨小魚甜不辣為9:30～16:00販售，售完打烊)／🚫週二(逢假日則翌日休)、過年期間／🅿使用市民中心🅿100輛

島嶼遊逛／跳島海道

MAP 隨興遊逛

御手洗 地圖p.145-G

みたらい

從江戶中期到明治初期期間,以等待海風、等待滿潮的良好港灣而繁榮的御手洗。御手洗為當時瀨戶內海交通的中繼站,匯集了許多人事物與情報資訊,一直到昭和初期都跟著時代的腳步在發展。商家、船宿與洋館等建築擁擠混雜於靠海的狹小聚落當中,在此可認識理解到從江戶時代到明治、昭和時期的歷史性建築物。吳市豐町觀光協會 ☎ 0823-67-2278

開始	♀ 御手洗港
↓220m 🚶 3分	
01	若胡子屋跡
↓150m 🚶 2分	
02	滿舟寺
↓50m 🚶 1分	
03	大東寺
↓450m 🚶 5分	
04	鞆田邸旁的洋館
↓140m 🚶 2分	
05	七卿落遺跡
↓120m 🚶 2分	
06	乙女座跡
↓70m 🚶 1分	
07	常磐町通
↓300m 🚶 4分	
終點	♀ 御手洗港

交通指南

吳站到♀御手洗港搭🚌山陽巴士（☎ 0846-65-3531）跳島Liner 1小時29分。廣島站到♀御手洗港搭🚌山陽巴士跳島Liner 2小時18分。竹原站到竹原港搭🚌藝陽巴士（☎ 0846-22-2234）7分,竹原港到大長港搭島波海運（☎ 0845-22-1337）高速船45分,大長港到♀御手洗港搭🚌瀨戶內產交巴士3分

⚠ HINT

步行距離
1.5km

標準遊逛時間
2小時30分

以常磐町通為中心,觀光景點大多密布於步行數分即到之處。在海岸處,可以見到如大防波堤、石橋、高燈籠、石垣護岸及雁木等支持當時港都發展的土木建築物。在吳市豐町觀光協會·待潮館(https://yosoro.com/shiomachi,12:00~16:00,週六日)可以預約觀光導覽。

---

01 參觀 20分

若胡子屋跡

1724(享保9)年所開業的娼妓戶。全盛時期旗下有超過100名的花魁與藝妓。使用屋久杉的天花板、利用櫻島熔岩砌成的土圍牆等,看得出當時的榮景奢華。

♀ 広島県呉市豊町御手洗149-1 / ⏰ 9:00~17:00 / ❌ 週二(逢假日則翌日休) / ¥ 免費 / 🅿 無

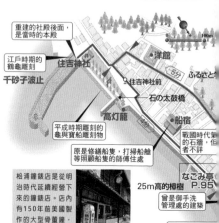

重建的社殿後面,是當時的本殿

江戶時期的鶴龜雕刻
千砂子波止

住吉神社

洋館

住吉神社前

石の太鼓橋

船宿

戰國時代築的石牆,不詳者

なごみ亭 P.95

平成時期雕刻的龜與寶船雕物

原是修繕船隻,打掃船艙等照顧船隻的師傅住處

25m高的樟樹

曾是御手洗管理處的建築

御手洗最大的海壁建築,幅員廣占地廣闊

松浦鐘錶店是從明治時代延續經營下來的鐘錶店。店內有150年前美國製作的大型骨董鐘,據說當時賣了一棟房子後才購入的。

船宿是買賣御手洗入港船隻的貨物,或供給飲水與材薪等,扮演仲介商的角色。

---

02 參觀 20分

滿舟寺

寺院占地內有江戶七俳人之一栗田樗堂的墳墓與松尾芭蕉的句碑。春季賞櫻,秋季可賞到紅葉。

＊自由參觀／🅿 無

---

03 參觀 15分

大東寺

三隻迦陵頻伽與一對雌雄難龍的欄間雕刻最值得一看。由京都雕刻家善用木材特性雕刻而出的作品震懾人心。占地內矗立著樹齡350年,高25m的大樟木。

＊自由參觀／🅿 無

04　參觀 10分

鞆田邸旁的洋館
とも だ てい

在御手洗內，還保存著從大正到昭和初期所建造的6棟洋館。鞆田邸旁的洋館，原本功能是介紹導覽娼妓戶，也就是所謂的「檢番所」。

05　參觀 20分

大推薦！

七卿落遺跡

在1863（文久3）年發生的幕末政變中失敗，倒幕派的七位朝臣逃往長州藩的途中，三條實美等五位朝臣曾經下榻於這座莊屋（竹原屋）。

📍広島県呉市豊町御手洗225／🕐 9:00～17:00／週二（逢假日則翌日休）／￥免費／P 無

06　參觀 30分

乙女座跡

於1937（昭和12）年所建造的御手洗第一座劇場，採用了當時最先端的摩登設計使建築物風華絕倫。二次大戰後，直到昭和30年左右許多電影、戲劇在此上映，之後轉為選果工廠使用。於2002（平成14）年復原成目前的外觀。

往感受歷史的山丘公園
往感受歷史的山丘公園
2月紅白梅美麗非凡
約有100座墳墓
往大長港
🈂天滿宮
娼妓之墓
01 若胡子屋跡
不開放，原為村長家，茶室至今仍在
菅公の碑
在地人以自己的財力建造
荒神社○
02 滿舟寺
芭句碑
金子邸
食堂
紅色圓形郵筒
江戸の町屋
🈂弁天社
御手洗休息處 P.95
洋館
07 常盤町通
御手洗防災中心
御手洗的導覽板
郵便局
豊町觀光協會・待潮館
從大長港過來時，可認這個招牌
縱深很長的土牆倉庫
御手洗遊逛起點
是城鎮的心商店街
松浦時計店
START GOAL
只要發條的時鐘都能修理，潮待館的時鐘也在此修理過
04 洋館
鞆田邸
港町交流館
🈂御手洗港
乙女座跡
06
江戸みなとまち展示館
船宿
🈂御手洗港 船班很少
洋館
05 七卿落遺跡
惠美須神社
對面島
1832（天保3）年，由村長金子忠左衛門所捐贈建成的高燈籠。
昔の護岸

江戸時期以石塊建成，名為千砂子波止的防波堤

📍広島県呉市豊町御手洗／🕐 9:00～17:00／週二／￥200日圓／P 無

隨興遊逛／御手洗

07　散步 20分

大推薦！

常磐町通

兩旁遺完整保留具有江戶時代氛圍住家的道路。住家主屋的屋頂樣式為懸山式或歇山式，屋身則是白石灰牆。2樓裝設了寬大的木格子窗，在此可見到匠心獨具的住家建築。位於道路遠處的舊柴屋住宅，是廣島藩主來訪島上時所住宿的地方。住宅內部可供遊客自由參觀（🕐 9:00～17:00，週二，￥免費）。

TEKU TEKU COLUMN

與風塵女子們同登顛峰的城鎮

從18世紀前半直到昭和前期，御手洗成為了瀨戶內海航線上重要的港口，除了有眾多船舶入港停留外，這裡也是著名的紅燈區。全盛時期約擁有300餘名的娼妓，且共有4家娼妓戶執業。當時據說甚至派遣了所謂的「御緒櫓船」，載著娼妓們划往停泊在海上的船隻。從住吉神社往北，沿著海岸一直沿伸的街道就是過往繁榮的主要風化區。

隨興遊逛

大久野島戰跡巡禮

おおくのしませんせきめぐり

第二次世界大戰中，大久野島負責製造毒氣。因為是陸軍的要塞而設置了砲台，現在島內各處還是見得到大量的戰爭遺跡。除此之外，島上棲息著不怕生的野生兔子，遊客可以和兔子親密接觸。詳細請洽竹原市觀光協會 https://www.takeharakankou.jp/ 地圖p.145-H

開始	休暇村
↓0.2km 🚶4分／🚲2分

| 01 | 毒氣資料館 |
↓1.5km 🚶28分／🚲8分

| 02 | 長浦毒氣儲藏庫跡 |
↓0.4km 🚶8分／🚲2分

| 03 | 北部砲台遺跡 |
↑上坡0.4km 🚶8分／🚲8分

| 04 | 中部砲台遺跡 |
↓下坡1km 🚶20分／🚲15分

| 05 | 舊軍火力發電廠遺跡 |
↓0.2km 🚶4分／🚲2分

| 06 | 南部砲台遺跡 |
↓0.4km 🚶8分／🚲2分

| 終點 | 2號碼頭 |

⚠ HINT

步行距離
4.1km

標準遊逛時間
3小時

大久野島內禁止車輛的進入。遊步道建設維修完善，但某些地段的上下坡道會較多。在休暇村～第二碼頭間會依據航行的時刻表運駛免費的巴士，但即使是步行也只需花費15分左右。

交通指南

從忠海港搭休假村客船（☎0846-26-0321）或大三島渡輪（☎0846-22-6199）。乘船約12分，單程310日圓。1小時1～2班運航。島上有2座碼頭，除了7時、8時、17～19時的航班外，都從2號碼頭發抵。

01 參觀 20分 ◎

毒氣資料館

在第二次世界大戰期間，於大久野島上曾祕密地進行毒氣的製造。資料館內，展示有曾使用的員工手冊與工作服、防毒面具、製造裝置的冷卻器部分以及保存容器。另外，訪客透過照片圖板與訴說戰爭後遺症的影片等，可以學習到製造毒氣所帶來的深痛歷史教訓。

從1號棧橋🚶3分，從2號棧橋🚶10分／☎0846-26-3036／📍竹原市忠海町大久野島5491／🕘9:00～16:00／🚫過年期間／💴150日圓／🅿無

02 參觀 10分 ◎

長浦毒氣儲藏庫跡

儲存毒氣的設施，在此放製6座約100t儲藏槽，規模為島內最大。焦黑的牆壁，是二次大戰結束後，以火焰放射器將毒素燃燒處理留下的痕跡。

TEKU TEKU COLUMN

擁有別名「兔子島」

有400隻（2022年12月）的兔子棲息在島上，在島內的所見之處迎接來訪大久野島的遊客。野生的兔子雖然不怕生很親近人類，但島上規定「禁止抱或是將兔子舉起來」。

大久野島觀光據點・休暇村大久野島

島上唯一的住宿設施，附設溫泉（不住宿溫泉週六日、假日為11:30～14:30，550日圓）跟餐廳（提供秋季菜單如燒烤海螺肉、美酒火鍋、當季秋刀魚和鮮脆栗子等）。
https://www.qkamura.or.jp/ohkuno/、地圖p.99、1泊2食11000日圓～

北部砲台遺跡

1902(明治35)年，因應日俄戰爭時的砲台遺跡，有4門24cm砲和4門12cm砲，以及2台砲台底座留於此。觀測所遺跡、士兵休息處遺跡仍殘留至今，還完整保存當時的樣貌。過去曾是發電廠的地方，在開始製造毒氣後成為毒氣儲藏槽的存放地點。放置砲彈的地方，還殘留砲彈的圓形鐵鏽痕跡。

中部砲台遺跡

位於山頂附近，送電廠的鐵塔一帶。以往在此設有6門28cm榴彈砲，但在日俄戰爭開戰後沒多久，其中2門就搬移至朝鮮半島。地面向下挖掘之處，有兩座砲台底座，合計還留有4座砲台遺跡的圓形基礎部分。

花崗岩砌成的牆面，保留放置砲彈的溝槽與營房間聯絡用的通信壁孔。

砲台旁還留有用紅磚砌成後，再用水泥架出拱型屋頂的營房。保存狀態十分完好，證明了以當時最高水準技術建造的建築非常堅固。

舊軍火力發電廠遺跡

以燃燒重油供給工廠用電的柴油發電所遺跡。長春藤爬滿的廢屋旁，殘留卸重油等所用的石砌舊碼頭。

南部砲台遺跡

位於島嶼南部的矮丘上，是3座砲台遺跡中最小的一座。設有4門24cm砲和4門9cm砲的台座為花崗岩所建，加上磚造的營房，顯現了當時高度的建造水準。

隨興遊逛／大久野島

紅磚兵營及石砌的砲台遺跡
持續的上下坡道
鐵塔往北部砲台遺跡廣場，是陡峭下坡
▶往忠海港
北部砲台遺跡廣場
殘留營房與地下倉庫
03 北部砲台遺跡
廣場
02 長浦毒氣儲藏庫跡
內部禁止進入
巨大的鐵塔
約20分
04 中部砲台遺跡
海岸線沿岸，以往與毒氣工廠相關的設施並列
網球場
瞭望台
到瞭望台是陡峭上坡
可俯瞰發電廠遺跡
約8分
2號碼頭
往大三島盛港
GOAL
操場
05 舊軍火力發電廠遺跡（禁止進入）
往忠海港
自行車出租
06 南部砲台遺跡
START 休暇村大久野島本館
約22分
廣場
廣場
キャンプ場
約5分
01 毒氣資料館
プール
大久野島神社
1號碼頭（限早晚）
海水浴場
大久野島遊客中心
燈塔

※搭配船班時間，2號碼頭～休假村之間有免費接送巴士行駛

N
0　　　　　300m

以瀨戶內海為據點名聲響徹日本全國

漫步於村上水軍關連之地

近年，因和田龍所著的暢銷小說《村上水軍的女兒》，而受到矚目火紅的村上水軍。探訪村上水軍遺留在島波海道的相關史跡，沉浸於那份歷史情懷當中吧。

統治瀨戶內海的村上水軍

自古以來，瀨戶內海便是海上交通的重要要衝。在這片海域當中曾出沒過海盜。受到中央的命令而挺身殲滅制裁海盜的便是海上的武士團。水軍。

以藝與諸島為中心擴張勢力的村上水軍，在與平安時代的藤原純友之亂和源平合戰相關的史料當中，已經有所記載。

之後村上水軍便就因島、能島、來島等三座不同據點而分為三家。以保障航海船隻為條件，從航行的船舶上收取海上保護費，不繳交的船艘便加以攻擊。

進入戰國時代後，以高機動性的關船戰艦與小早快船編成的水軍，開始運用組織性的戰術，征戰於陸地上的武將們，無不想將水軍延攬入自己的陣營。於毛利元就與陶晴賢1555（弘治元）年對決的嚴島合戰、或是織田信長攻打石山本願寺的戰役之中，村上水軍都

1 保祐海軍平安歸來的
 艮神社
2 歷代村上海軍安息於
 金蓮寺

擔任了左右戰況的要角。

然而，1588（天正16）年豐臣秀吉頒布了海盜禁止令後，村上海軍便逐漸消失於歷史的舞台之上。

時至今日，那些與村上海軍相關的景點還存留在因島上。位於因島水軍城山腳的金蓮寺（尾道市因島中庄町3225），安置有歷代村上水軍的墳墓。此外，位於因島椋浦町的艮神社（地圖p.89-B），傳說村上海軍在出征之前，會齊跳法樂舞以提昇全體士氣。

TEKU TEKU COLUMN

帶來吉兆的章魚水軍鍋

村上海軍在出師前夜，會在海邊燃起營火祈求必勝，此時做的菜色就是水軍火鍋。取「吃遍八方來敵」的吉祥寓意，特色是鍋內一定會加入章魚。因島酒店（☎0845-22-4661／地圖p.89-B）的水軍鍋，使用因島產的新鮮鯛魚與高體鰤等海鮮類食材。1人份5500日圓起，最低消費人數2名。3天前截止預約。

島波海道住宿

因島	因島別墅白瀧山莊	☎0845-25-0068／地圖p.89-A／1泊2食11000日圓～ ●可俯瞰海面的西洋風格建築。可品嘗到以瀨戶內漁產為主的日本料理。
大三島	大三島 憩の家	☎0897-83-1111／地圖p.93-B／1泊27700日圓～ ●利用舊小學木造校舍的住宿。瀨戶內海即在眼前擴展開。
伯方島	光藤旅館	☎0897-72-0536／地圖p.93-B／1泊2食6600日圓～ ●餐點有明蝦、瀨戶內魚類生魚片、烤魚等品項，分量充實。

廣島
宮島

ひろしま　　　　　地圖　　　　p.144-B

廣島

1996年被指定為世界遺產的原子彈爆炸遺址

走過被爆的悲情祈求和平的中國地方最大都市

　廣島是世界第一個被投下原子彈的地方。和平紀念公園與原子彈爆炸遺址等，至今仍不斷控訴戰爭的愚昧，祈禱永久和平。另一方面，廣島燒、牡蠣料理等，庶民的飲食文化仍充滿著活力。流經市內的6條河川，綠意盎然的市街，都值得悠閒走走逛逛。

 HINT

前往廣島的方法

●搭乘飛機時

　臺灣有多家航空公司可直飛廣島機場。從機場到廣島站的巴士間格約每5～20分1班，每天都有。平常單程1370日圓，但若在一週內搭回程，有來回優惠共2480日圓，可在抵達大廳的售票機購買。

●搭乘火車時

　可從東京、名古屋、大阪搭東海道・山陽新幹線。各地出發皆有6張1套新幹線回數券普通車指定用，3人旅行的話很方便。若搭乘「希望號」，6張1套的回數票從東京出發10萬8180日圓，比買一般單程票便宜1410日圓。

●搭乘高速巴士時

　除右圖外，橫濱、名古屋等地也有夜間班次，行經廣島巴士總站，在廣島站新幹線口停車。

區域的魅力度

散步
★★★★
美食餐廳
★★★★★
購物
★★★★

火熱資訊：
二十日市・廣島市植物公園櫻花祭典（4月上旬～下旬），冬季的美食牡蠣，11～2月最為鮮美。

觀光交通詢問處

廣島市觀光政策部
☎082-504-2243
廣島市觀光服務處
　（和平紀念公園內、
　原爆之子像西側）
☎082-247-6738
JR西日本
☎0570-00-2486
廣島機場（綜合服務）
☎0848-86-8151
廣電巴士（機場聯絡巴士）
☎082-231-5171
廣電電車巴士電話服務中心
☎0570-550700
廣島電鐵（路面電車）
☎082-242-0022
中國JR巴士電話預約中心
（東京～廣島、大阪～廣島）
☎0570-666-012
中國JR巴士
（Meipuru～pu）
☎0570-010-666
廣島市觀光志工導覽協會
☎082-222-5577

廣島電鐵的周遊券

　購買廣島電鐵的周遊券最為划算，可無限次搭乘路面電車。販售有「電車

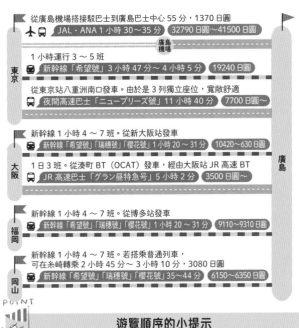

	從廣島機場搭接駁巴士到廣島巴士中心 55 分，1370 日圓
✈🚌	JAL・ANA 1 小時 30〜35 分	32790 日圓〜41500 日圓

廣島
機場

東京	1 小時運行 3〜5 班
🚄	新幹線「希望號」3 小時 47 分〜4 小時 5 分	19240 日圓
	從東京站八重洲南口發車。由於是 3 列獨立座位，寬敞舒適
🚌	夜間高速巴士「ニューブリーズ號」11 小時 40 分	7700 日圓〜

大阪	新幹線 1 小時 4〜7 班。從新大阪站發車
🚄	新幹線「希望號」「瑞穗號」「櫻花號」1 小時 20〜31 分	10420〜630 日圓
	1 日 3 班。從湊町 BT（OCAT）發車，經由大阪站 JR 高速 BT
🚌	JR 高速巴士「グラン昼特急号」5 小時 2 分	3500 日圓〜

廣島

福岡	新幹線 1 小時 4〜7 班。從博多站發車
🚄	新幹線「希望號」「瑞穗號」「櫻花號」1 小時 20〜31 分	9110〜9310 日圓

岡山	新幹線 1 小時 4〜7 班。若搭乘普通列車，可在糸崎轉乘 2 小時 45 分〜3 小時 10 分，3080 日圓
🚄	新幹線「希望號」「瑞穗號」「櫻花號」35〜44 分	6150〜6350 日圓

POINT

遊覽順序的小提示

●抵達廣島站之後

搭乘路面電車…廣島電鐵廣泛密布於廣島市區內，適合想途中下車往某個景點時使用搭乘。市內均一價190日圓，想從廣島站前往和平紀念公園或紙屋町時利用十分方便。

搭乘巴士、計程車…一般計程車與市內巴士搭乘處在廣島站南口。市內觀光巴士與高速巴士起訖處以及預約窗口都在新幹線口。若選擇觀光計程車つばめ交通（☎082-221-1955）的話，3小時19800日圓（中型車〜4名）。推薦繞行和平紀念公園、縮景園、廣島城等景點的方案。5小時方案為繞行嚴島神社、和平紀念公園，費用33000日圓。費用可能會跟計程車公司有點落差，搭乘前請事先確認。

搭乘定期觀光巴士…「Meipuru Sky」為雙層開放式定期觀光巴士。繞行廣島城、原爆圓頂館等主要光景點的「廣島市內兜風車窗路線」於週六日、假日、黃金週、暑假的10:10、13:10（冬季停駛）、19:10（僅夏季）行駛。包含在和平紀念公園參觀1小時的廣島市和平紀念公園下車行程為15:10發車。任何方案都是2000日圓。冬季則有冬季限定的HIROSHIMA DREAMINATION車窗方案，費用為1500日圓。

●從廣島站出發

　主要的觀光景點分佈於和平紀念公園周邊。除了遊逛原子彈爆炸遺址、資料館與慰靈碑之外，還想參觀縮景園或廣島城等其餘景點的話，需要花費半天以上的時間。欲前往繁華熱鬧的本通，只需從此處步行約5分，距離相近。

1日乘車券」700日圓，以及可搭乘廣電電車全線與連結宮島和宮島口的宮島松大汽船套票「1日乘車乘船券」900日圓等兩種票券。販售場所為廣電廣島站電車服務處、廣電廣島站定期中心外，還有廣島市內的酒店。

Meipuru~pu

　以廣島站新幹線口為起訖站，繞行廣島市內主要觀光景點。路線有經過3座美術館的橘線，經過八丁堀、新天地等鬧區的綠線，以及橘線濃縮版的黃線，共3條路線。每條路線都會經過原爆圓頂前跟和平紀念公園前。乘車1次220日圓，1日乘車券為400日圓。

漫步市區導覽

　有廣島市內的觀光導覽團體所帶領解說的「漫步市區行程廣島Trip」。依團體不同路線也有所差異。廣島城下巡遊路線為從JR廣島站南口出發，步行參觀世界和平紀念聖堂、縮景園、廣島城等景點。所需時間2小時30分。參加人數與是否需預約等依團體而有所不同，請事先聯繫確認。

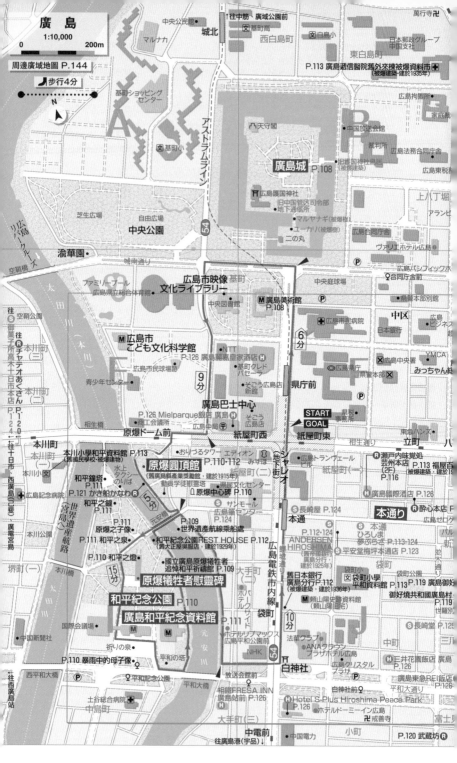

廣 島

1:10,000

0 　　　 200m

周邊廣域地圖 P.144

♪歩行4分

N

往中筋・廣域公園前

城北

基町高

中央公民館

西白島町

図白島小

東白島町

萬行寺卍

日本郵政グループ
中国支社

マルナカ

基町ショッピング
センター

P.113 廣島遞信醫院舊外來棟被爆資料市
（被爆建築・建約1935年）

広島拘置所

廣島パシフィックホ

A

基町小

ア
ス
ト
ラ
ム
ラ
イ
ン

中国放送会館

裁判所

家庭裁

廣島法務合同庁舎

廣島城 P.108

天守閣

P

広島護國神社

旧中国軍医司令部
地下通信所

旧縣護國神社跡地
（被爆建築）

廣島東税務

芝生広場

自由広場

マルヤナギ（被爆樹）

ユーカリ（被爆樹）

上八丁堀

アランビ

縮景園

中央公園

二の丸

広島合同庁舎

ヴァリエホテル広島

広
島
リ
バ
ー
ク
ル
ー
ズ

空鞘橋

城南通り

中央庭球場

P

合同庁舎前

縣警本部分館

往S空鞘公園

ファミリープール

基町

中央庭球場

6分

広島市映像
文化ライブラリー

広島県立総合体育館

中央図書館

M 廣島美術館
P.108

廣島市民病院

中区

広島
ビジネス

日本銀行

往S御菓子所高木T日市店本店（三）

往R チャテオあくさん（一）

広島市
こども文化科学館
P.126

M

広島市民球場跡

青少年センター

9分

相生橋

廣島麗嘉皇家活店 P.121

NTT

基町クレド
パセーラ

そごう広島店
新館

廣島巴士中心

廣島中央署

YMCA

みっちゃん総

広島県庁

縣警本部

本
川
町

本川町

本川（本川）

太
田
川
（
本
川
）

P.126 Mielparque飯店 廣島

廣島中商

そごう
本館

START
GOAL

県庁前

紙屋町西

紙屋町東

縣県
事務所

往十日市・西廣島（己斐）、廣電宮島口

廣電宮島（宮島口）行
世界遺産航路

原爆ドーム前

本川小学校・被爆建物）

本川小校

5分

P.2
4
往十日市・西廣島己斐）

本川小図

本川小学校平和資料館 P.113
（旧國民學校・被爆建物）

相生通り

立町

ハ

東急ハンズ

広島トランヴェール
ビル

瀬戸内味覚処
芸州本店（2F）P.113福屋百
（被爆建築・建約19

原爆園頂館
（舊廣島縣産業奨勵館、建約1915年）

紙屋町（一）

P.116

廣島臨際酒店 P.126

酔心本店 P.1

和平塔
P.111

L タクシーのりば

P.121 かき船かなわT

みち下
通り
街

シャレオ
地下街

P.110・112

廣島文化センター

サンモール

広島電鉄市内線

長崎屋 P.124

本通

パル

新

広
島
城
南
線

ANDERSEN
HIROSHIMA

広島記念病院

和平之鐘
P.111

原爆之子像
P.111 和平之泉

P.109

世界遺産航路乗船処

S 本通
ひろしま
夢ぷらざ P.113・124

S 本通

P.112・124

P.110 和平之燈

和平紀念公園REST HOUSE P.112

（舊大正屋呉服店、建約1929年）

廣島銀行
本店
建約1925年

平安堂梅坪本通店 P.123

袋小

國立廣島原爆犠牲者
追悼和平祈禱館 P.109

舊日本銀行
廣島分行 P.112
（被爆建築・建約1936年）

袋町小

平和資料館 P.113 P.119廣島御好

原爆犠牲者慰霊碑

M 頼山陽史蹟資料館
（頼山陽居宅）

御好焼共和國廣島村
P.126

和平紀念公園 P.110

大手町
（二）

世羅酒

廣島和平紀念資料館

M

法華クラブ

S 長崎屋 P.125

國際会議場

中国新聞社

祈りの泉

P.111

パークサイド

袋町
（二）

ANAクラウン
プラザホテル広島

ホテルリブマックス
廣島平和公園前

NHK

平和の塔

中町

廣島東急REI飯店
P.126

三井花園飯店 廣島
P.126

広島クリスタル
プラザ

P.110 暴雨中の母子像

平和記念公園

白神社

白神社前

本
川
橋

堺町（一）

15分

放送会館前

平和大橋

西平和大橋

往西廣島站

土谷総合病院 ♥

中島町

相鉄FRESA INN
廣島站前 P.126

10分

Hotel S-Plus Hiroshima Peace Park
P.126

ホテルドーミーイン広島

袋町公園

本通り

S 長崎屋 P.12

日神社前

元
安
川

元安橋

大手町
（三）

戒善寺卍

廣島東急REI飯店
P.126

富士見

中電前
（往廣島港《宇品》）

中国電力

小町

P.120 武蔵坊

往新岩国　往横川

常盤橋

二葉の里（一）

往横川

大須賀町

山陽新幹線

JR広島病院 ✚　東区　ホテルチューリップ東方2001

二葉の里（三）

東横イン広島駅新幹線口1

P.123 おみやげ館
P.125 御菓子処 亀屋
P.123 アパンヤekie広島
P.119 麗ちゃん　JR西日本支社
Via Inn　P.115 和久パル　にしき堂光町本店 P.126

P.115 御食事処 かき傳

念法寺

裁判所前

シャンボール広交

縮景園　P.108

京橋川

C

山陽本線

上大須賀町

廣島新幹線口　P.126

P.126 廣島格蘭比亞酒店

グランアークテラス

ひろしま駅弁
（南口羽県別等處）P.115
KUMANOFUDE
SELECTSHOP 廣島店
P.123

ひろしま

廣島站

廣島驛光登廳店
P.126

M 廣島縣立美術館
P.108

景園前　 幟町中

廣島站

廣島站ekie　往二階

芸備線

往西条

往馬自達運育場

上幟町

広島女学院高

広島女学院中

栄橋

広島駅前グリーンホテル

P

廣島御好物語站前廣場 P.119

廣島站

松原町

学院前

女学院前

城南通り

ザ ロイヤルパークホテル
広島リバーサイド
ホテルフレックス

上柳橋

幟町

東横イン広島駅南口右

福屋

H 広島東局 ビックカメラ

そそ(6F) P.119

水上タクシーのりは
P 猿猴橋町

106-107

幟町小

P.122 Pâtisserie Alpha S

世界平和記念聖堂

エリザベト音楽大

鉄砲町

G

BCC文化センター

橋本町

京橋

H APA飯店
広島駅前店
P.126

アパホテル
広島駅前大橋

広島グランド
インテリジェントホテル
京橋町

広島21世紀酒店
P.126

KOKO HOTEL広島駅前
東横イン広島駅前大橋店

専立寺

猿猴橋

荒神町

P.126 Ark飯店 廣島站南

テリパ広島

西荒神町

西蟹屋（一）

的場町

H

荒神陸橋

R 創作料理稲茶 P.120

卍 正光寺

卍 廣教寺

R Cafe REGALO

R Tea Garden Pul-Pul P.121

R 広叔亭

的場町

ホテルアクティブ広島

シャンブル
幟町茶寮
P.120

幟町公園

チサンホテル広島

R Oyster Conclave 牡蠣亭 P.115

京橋R-Win

稲荷町

稲荷大橋

的場（二）

段原小

南消防署

胡町

ヤマダ電気
三越

胡町

銀山町

広島電鉄本線（宮島線）

T もみじ銀行本店

R 大和屋酒舗 P.125

P.121 柳橋 こだに R

金屋町

広島インテリジェントホテルアネックス

稲荷町

京橋川

駅前通り

卍 妙詠寺

的場（二）

段原（一）

胡子神社

荒川通り

堀川町

柳橋

P.121

R HEN HOTEL Hiroshima P.126

松川町

松川公園

段原一丁目

明泉寺 卍

南区

R 段原骨董館

卍

銀山町

ヴィアイン広島銀山町

徳成寺 卍

比治山通り

広島電鉄市内線

山王神社 亓

R 日本料理 若竹邑 P.120

R 鮨おう井 P.117

薬研堀

東新天地公共広場

弥生町

西平塚町

平塚町

比治山町

広島市まんが図書館

R 豆匠 P.117

R 広島華盛頓酒店 P.126

流川町

P.118 八昌 R

K

比治山公園

比治山下

多聞院 卍

円隆寺
（とうかさん）

田中町

卍

興神寺 卍

廣島東方飯店 P.126

平塚公園
東平塚町

比治山トンネル

M 広島市現代
美術館

ホテル28広島

京橋川

頼山陽文徳殿

東横イン
広島平和大通

広島段原
ショッピング
センター

P 広島県組本店

鶴見橋

往宇品

段原南

スカイウォーク

105

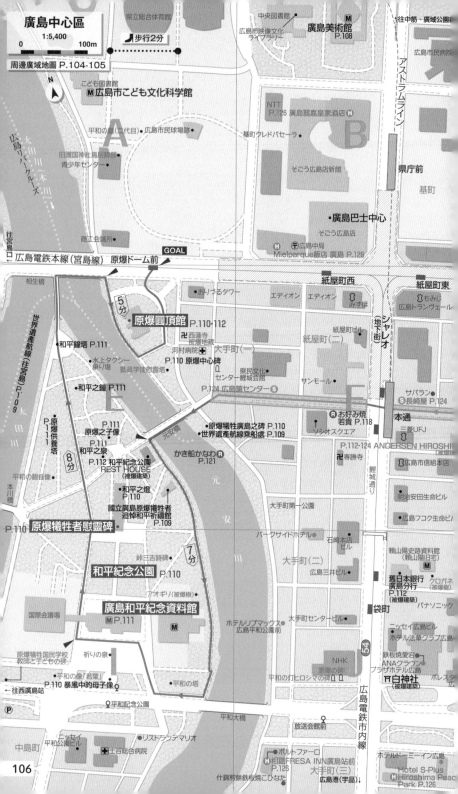

廣島中心區

1:5,400

0　　　　　　100m

周邊廣域地圖 P.104-105

♪步行2分

往中筋、廣域公園前

中央図書館

広島市映像文化ライブラリー

廣島美術館 P.108

広島市民病院

こども図書館

Ⓜ広島市こども文化科学館

NTT P.126 廣島麗嘉皇家酒店

アストラムライン

A

平和の塔（二代目） ● 広島市民球場跡地

旧護国神社局脚部 ● 青少年センター

基町クレドパセーラ

そごう広島店新館

B

県庁前

基町

商工会議所

廣島巴士中心

そごう広島店

Ⓗ ● 広島中局

Mielparque飯店 廣島 P.126

広島電鉄本線（宮島線） 原爆ドーム前 GOAL

相生橋

紙屋町西

紙屋町東

もみじ 広島トランヴェール

5分

● おりづるタワー

エディオン エディオン

みずほ

原爆圓頂館 P.110-112

世界遺産航路（往宮島P.109）

和平鐘塔 P.111

水上タクシー乗り場

勧学院生徒慰霊塔 ●

卍 西蓮寺 被爆地蔵

河村病院 ✚

大手町（一）

P.110 原爆中心碑

県民文化 センター鯉城会館

紙屋町（二）

紙屋町ビル

サンモール

シャレオ 地下街

● サバラン

Ⓢ 長崎屋 P.124

三菱UFJ

和平之鐘 P.111

P.124 広島筆センター Ⓢ

● 原爆犠牲廣島之碑 P.110

● 世界遺産航路乗船場 P.109

Ⓡ お好み焼 若貴 P.118

ソシオスクエア

本通

太田川

原爆之子像 P.111

和平之泉 P.111

かき船かなわ Ⓡ P.121

卍 専勝寺

P.112-124 ANDERSEN HIROSHI

Ⓗ 広島市信組本店

8分

原爆供養塔 P.111

和平之灯 P.110

REST HOUSE（被爆建築）

P.112 和平紀念公園

元安橋

鯉城通り

明治安田生命ビル ●

● 広島フコク生命ビ

平和の観音像

本川橋

國立廣島原爆犠牲者追悼和平祈禱館 P.109

和平之燈 P.110

大手町第一公園

P.110 原爆犠牲者慰靈碑

パークサイドホテル

石崎本店 ● ビル

頼山陽史跡資料館 Ⓜ （頼山陽旧宅）

舊日本銀行 廣島分行 P.112 （被爆建築）

フロガネ （被爆建築）

7分

峠三吉詩碑 ●

大手町（二）

広島三井ビル

和平紀念公園 P.110

アオギリ（被爆樹） ●

廣島和平紀念資料館 Ⓜ P.111

Ⓜ

袋町

ニッセイ広島ビル

ホテル法華クラブ広島

パナソニック

国際会議場

祈りの泉

ホテルリブマックス ● 広島平和公園前

大手町センタービル

鉄板焼愛宕

ANAクラウン プラザホテル広島

原爆犠牲国民学校教師と子どもの像

平和の像「若葉」

P.110 暴風中的母子像

往西廣島站 →

平和の塔

NHK

原爆の碑

平和の灯ヒロシマの碑 ●

54

Ⓣ 白神社 （被爆建築）

ポレスタ

広島電鉄市内線

Ⓟ

平和記念公園 ♀

中島町

ニッセイ 平和公園ビル

リストランテマリオ ●

✚ 土谷総合病院

平和大橋

放送会館前

ポルトファーロ ●

Ⓗ 相鉄FRESA INN廣島站前 P.126

什錦煎餅鉄板焼こひなた

大手町（三）

ホテルドーミーイン広島

Hotel S-Plus Ⓗ Hiroshima Peace Park P.126

広島港〈字品〉

106

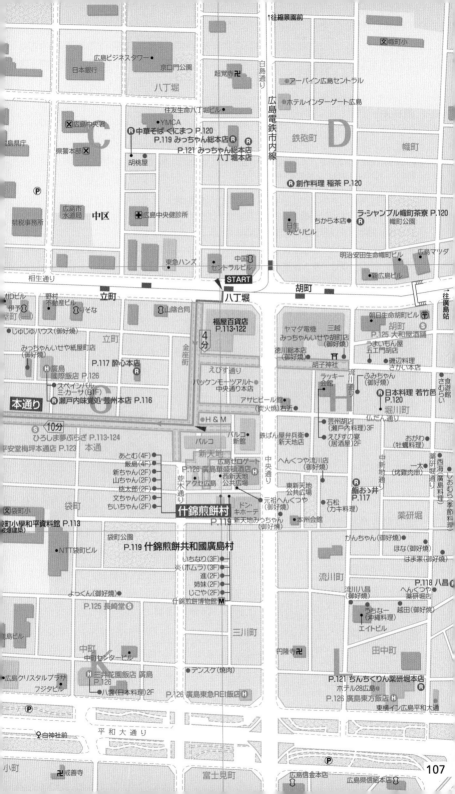

縮景園
しゅっけいえん

地圖p.105-C
JR廣島站搭廣島電鐵8分，八丁堀電車站換搭往白島4分，縮景園前電車站下車🚶即到

廣島藩主淺野長晟於1620(元和6)年建造別墅同時，交由其大老也是著名茶人的上田宗箇之手設計庭園。據說是仿中國杭州西湖縮小造景的。庭園中央池塘裡的小島是遠方山巒的借景，是一座山、溪谷、橋、茶室、涼亭配置巧妙的迴遊式庭園。

☎ 082-221-3620　♥ 広島市中区上幟町2-11
🕐 3/16為9/15為9:00～18:00;9/16～3/15為9:00～17:00
❌ 12月29日～12月31日
💴 260日圓(與縣立美術館常設展的套票610日圓)
🅿 29輛

廣島縣立美術館
ひろしまけんりつびじゅつかん

地圖p.105-C
縮景園前電車站下車🚶即到

與緊鄰的縮景園絕妙調和的都市型美術館。超過4500件的收藏作品，歸納成3大概念，分別為廣島縣相關的作品、日本與亞洲的工藝品、1920～1930兩次大戰間的作品。珍藏達利、平山郁夫，以及北廣島町出生的畫家・靉光的代表性作品等。

☎ 082-221-6246　♥ 広島市中区上幟町2-22
🕐 9:00～17:00(週五會延長)
❌ 週一(特展期間逢假日、補休假日則開館)
💴 510日圓(特展費用另計)　🅿 45輛

廣島城
ひろしまじょう

地圖p.104-B
JR廣島站往廣電宮島口14分，紙屋町東電車站下車🚶15分

戰國武將毛利輝元於1589(天正17)年建造的城。江戶時代經過福島正則，直到奉還領地的250年間，淺野家一直擔任廣島城主。遭原爆倒塌的天守閣，於1958(昭和33)年忠實重建。內部是介紹武家文化為主的歷史資料館。

☎ 082-221-7512　♥ 広島市中区基町21-1
🕐 9:00～18:00 (12～2月至17:00，入館至閉館前30分)　❌ 12/29～31
💴 370日圓　🅿 無

廣島美術館
ひろしまびじゅつかん

地圖p.106-B
紙屋町東電車站🚶5分

館內收藏了19世紀中葉到20世紀前半的西洋近代美術、以及明治時期以後的日本近代美術作品。特別又以如賽尚、莫內、梵谷等，19世紀後半風靡一世的法國印象派畫家作品最為豐富。

☎ 082-223-2530　♀ 広島市中区基町3-2
🕐 9:00～17:00（入館至16:30）
🚫 週一（逢假日則翌日休,特展期間除外）
💴 視特展而異　🅿 無(僅身心障礙專用車位)

國立廣島原爆犧牲者追悼和平祈禱館
こくりつひろしまげんばくしゃついとうへいわきねんかん

地圖p.106-E
JR廣島站往廣島電鐵廣電宮島口等方向20分,原爆原
頂前電車站下車🚶5分

　為了追悼原爆中的犧牲者,以及祈求永遠的
和平,並將被爆經驗傳承於後代子孫而建的設
施。可自由翻閱觀看犧牲者的名冊與照片、被
爆體驗記、追悼記以及被爆證言影片等。也會
舉辦被爆體驗記朗讀會,來朗誦被爆體驗記與
原爆詩篇。

☎ 082-543-6271　♀ 広島市中区中島町1-6
🕐 8:30～18:00（8月5、6日～20:00,除外的8
　月～19:00、12～2月～17:00）
🚫 12/30、31　💴 免費　🅿 無

觀光遊輪銀河號
クルージングシップぎんが

地圖p.144-F
JR廣島站搭廣島電鐵往廣島港40分,廣島港電車站
🚶即到的廣島港發抵

　搭乘豪華客輪「銀河」由廣島港到宮島巡遊
瀨戶內海,並享受法國菜的遊輪之旅。午餐遊

輪分為需時2小時45分的宮島往返路線、和可
以在宮島下船的單程路線兩種。晚餐需時2小
時25分,巡遊宮島、海田大橋、廣島大橋周
邊(不可於宮島下船)。乘船前1日需訂位。

銀河預約中心 ☎ 082-255-3344
♀ 広島市南区宇品海岸1-13-13（瀨戶內海汽船）
🕐 午餐遊輪11:30出發、晚餐遊輪18:00出發（週
　六日、假日為17:00出發）
💴 午餐8000日圓～、晚餐10000日圓～
　(含乘船費)　🅿 無

世界遺產航線
せかいいさんこうろ

地圖p.106-E
原子彈爆炸遺址前電車站下車🚶2分

　航行和平紀念公園與宮島這兩處世界遺產,
是廣島特有的定期航線。從元安橋旁的碼頭出
發,經過原子彈爆炸遺址旁,行駛本川前往宮
島。除了是極為方便的觀光交通工具之外,還
可以同時享受到瀨戶內海眾多島嶼的巡航風
情。所需時間為45分,30～45分(冬季為1小
時)1班。但可能因水位過低而停航。

Aqua net廣島 ☎ 082-240-5955
♀ 広島市中区大手町1-9（元安栈橋）
🕐 8:30～17:10（和平紀念公園出發）1天17班(視
　季節有變動)
💴 單程2200日圓,來回4000日圓　🅿 無

MAP

隨興遊逛

和平紀念公園

へいわきねんこうえん

於1945(昭和20)年8月6日上午8時15分,廣島被投下了原子彈。為了祈禱世界和平,這塊區域修建為廣大的公園。園內有展示原子彈爆炸後的真相實情的和平紀念資料館等設施,以及傳達戰爭悲劇的紀念碑等林立。請懷抱著祈求世界和平的心情遊覽園內。詳細請洽廣島市觀光服務處 ☎ 082-247-6738　地圖p.106-E·I

大推薦!

01　參觀 10分

原爆圓頂館

1996(平成8)年被指定為聯合國教科文組織的世界文化遺產,將原爆的慘狀傳達給世人的被爆建築物。被爆前是市民耳熟能詳的「廣島縣產業獎勵館」。原本是有著銅製圓頂狀屋頂的歐洲風格時髦建築,但原子彈在上方爆炸的瞬間被破壞殆盡,形成現在看到的鋼筋突出的

慘狀。至今仍舊保存著廢墟的狀態。

交通指南

原爆ドーム前電車站或♀原爆ドーム前下車即到

💡 HINT

步行距離 **1.5km**

標準遊逛時間
2小時 30 分

和平紀念公園休息處可供遊客免費停留休憩。公園內設有5座洗手間,長椅也隨處可見。

02　參觀 5分

原爆中心

原子彈在島醫院的上方約600m爆炸。現今在此處放置著說明板。

03　參觀 5分

原爆犧牲
廣島之碑

嵌入原子彈爆炸熱度下融掉的瓦的石碑。石碑台座上放有像徵犧牲者們昇天靈魂的雕像。

04　參觀 5分

和平之燈

象徵廢絕核子兵器與祈求世界永久和平的和平之燈。於1964(昭和39)年8月1日初次點燈以來,將一直點燃到核子兵器絕跡的願望實現為止。

05　參觀 10分

原爆犧牲者慰靈碑

以保護犧牲者的靈魂不受雨露淋濕之苦的構想,參考家形狀的填輪而創作出屋頂狀的石碑。在屋頂下可將和平之池、和平燈、原子彈爆炸遺址等盡收眼底。

06　參觀 10分

暴風雨中的母子像

右手抱著吸吮母乳的嬰兒,而左手背起幼童的姿勢,用以表現咬緊牙關活下去的母親姿態的銅像。呼籲人們在核子兵器完全絕跡前都不能放棄努力。

相生通り

往十日市町

⑫ 和平鐘塔

太田川(本川)

⑩ 原爆供養塔

世界遺產航線
(往宮島)

和平觀音像告惜罹遭原爆消都市

本川橋

N

2分

0　　100m

国際会議場

告慰被爆犧牲師生在天之靈的原爆犧牲國民學校教師與兒童之碑

西平和大橋

※周邊地圖P104-105　平和大

07

參觀　70～90分

大推薦！

廣島和平紀念資料館

於本館展示了訴說著原爆帶來的熱線、爆風、放射線、高熱火災等浩劫中被害者的遺留物，以及傳達被爆慘狀的真實照片。雖然分為東館與本館兩館，東館因維修改裝，至2016年春季前不對外開放參觀。

原爆圓頂前電車站🚋10分／☎082-241-4004／📍広島市中区中島町1-2／🕐8:30～18:00(12～2月至17:00，8月至19:00 ※8月5、6日至20:00)／🚫12月30、31日(有臨時休)／💴200日圓／🅿無

08

參觀　3分

和平之泉

為了追悼臨死之前仍然渴求飲水的犧牲者亡魂而設立的紀念設施。由因為原爆而失去兄弟姊妹的廣島青年會議所的會員們所出資建立而成。裝置於高1m、寬4m的大谷石壁上的陶製獅子口中所流出的，是滔滔不絕的泉水。

09

參觀　5分

原爆之子像

高9m的青銅像。2歲時被爆，於12歲時因白血病而不幸逝世的佐佐木禎子，她的同學們向日本全國發聲募款，而建造了這座青銅像。最上方佇立著手持紙鶴的少女像，一年四季都有人前來獻上千羽鶴。

10

參觀　3分

原爆供養塔

過去曾是慈仙寺的所在之地。被爆之後隨即成為臨時的火葬場，無數的遺體被移來此處進行火葬。現在仍有許多無人相認的遺骸永眠於此處。

11

參觀　3分

和平之鐘

可以見到象徵宇宙的圓頂型屋頂的鐘樓、與代表「世界大同」思想，表面刻上無國界的世界地圖的和平鐘。遊客可自由撞鐘發出聲響。

12

參觀　3分

和平鐘塔

3根鐵條上放置著球狀時鐘的和平鐘塔。每日的8時15分會鳴鐘，傾訴著「No More Hiroshima」。被日本的環境署選拔為「想保存的日本音韻100選」。

```
START
GOAL
[3分]
原爆圓頂前
原爆圓頂前
紙鶴塔
廣島電鐵
往紙屋町西、廣島站

01 原爆圓頂館
追思被動員勞動服務而犧牲的1萬多人學徒慰靈塔
縣民文化中心
02 原爆中心

和平之鐘
原爆之子像
09
03 原爆犧牲廣島之碑
和平紀念公園
REST HOUSE
廣島遊河觀光船
之泉
04
和平之燈
國立廣島原爆犧牲者追悼和平祈禱館
原爆犧牲者慰靈碑
05
灯和の径

紀念廣島出身的被爆年輕詩人峠三吉的詩碑

本館
資料館
東館
以噴水池之泉獻給犧牲者的祈禱之泉
和平

紀念世界聯邦都市宣言20周年的和平塔

06 暴風雨中的母子像
和平紀念公園
和平大橋
```

隨興遊逛／和平紀念公園

111

漫步於戰後78年的廣島

廣島市是全世界第一座被投下原子彈之處。除了原子彈爆炸遺址外，還留下了可觀數量殘留著傷痕的建築，至今仍向世人訴說著和平的意義。

參觀被爆建築的觀光導覽

如果想追尋廣島市內被爆的軌跡，推薦參加名為「廣島Trip」的漫步市區行程。由導覽者帶領解說的團體行程豐富多樣，其中關於被爆建築的行程共有2種。

●參觀被爆建築路線

從JR廣島站搭乘廣島著名的路面電車開始行程。首先拜訪的是販賣麵包西點的ANDERSEN HIROSHIMA。是座文藝復興風格的時髦建築。被爆當時是舊帝國銀行廣島分部的建築，位於距離原爆中心360m的地方。當時的破壞狀況十分慘重，靠近原爆中心的西側牆壁幾乎完全崩壞，甚至屋頂一半也崩落倒塌。在那之後高木麵包店（後來的ANDERSEN）買下這棟建築。被爆當時為2層樓的建築，後來於1978（昭和53）年，改建為地下1層，地上8層的建築。時至今日，位於本通一帶還留有著訴說被爆狀況的建築群。

即使被爆，還是率先於經濟面帶領支撐廣島復興的便是舊日本銀行廣島分行。建築物外觀是出眾的古典式樣，為昭和初期代表廣島的歷史性建築物。被爆時距離原爆中心非常近僅有380m，雖然窗戶開放的3樓內部幾近全毀，

1 至今仍在使用中的被爆建築物中，離原爆中心最近的是距170公尺的和平紀念公園休息處。為保存外觀、補強耐震等原因，曾於2019年進行維修工程。

2 繼續傳遞核子武器恐怖之處的原爆圓頂處

而2樓也有部分被燒毀，但由於建築物本身十分堅固得免於遭到完全破壞。在原子彈被投下的2天後，便於市內各金融機關設立窗口，進行銀行業務。

行程最後來到**原爆圓頂館**。人類第一顆投放的原子彈在上空600公尺炸開，捲起的巨型蕈狀雲直至17000公尺高空處。由於放射線、熱線和強烈的暴風，木造房屋自然起火，瓦屋表面也融成泡沫狀。其後，含輻射的黑雨使更多人遭受輻射之災，至該年年底有約14萬人犧牲。現在會定期整修建築物，希望能持續以此世界遺產，作為廢除核武並達成世界能久永和平的訴求。

●戰後復興的鑑古知今路線

此行程除了參觀殘被被爆傷痕的建築物外，也能享受到購物的樂趣。

從原子彈爆炸遺址出發，第一個景點是觀光服務處兼伴手禮店的**和平紀念公園REST**

「被爆建築巡禮行程」
●廣島市觀光志工導覽協會
☎082-222-5577
❸導覽每人1500日圓（含保險費）
原則上申請至參觀日10天前

「終於復興的今昔行程」
●「廣島通」招待團體
☎090-4698-2944
❸參加者每人500日圓（含保險費、資料費）
申請至一週前

③ 舊日本銀行廣島分行。幸虧地下金庫逃過火災的肆虐，才能快速於8月8日重新營業。逃出火場的客戶由於沒有存摺，只能以口頭約定來放款

HOUSE。距離原爆中心僅有短短的170m的距離，在當時是廣島縣燃料配給統制組合的辦事處。被爆當時有37人在內執行勤務，其中的8人逃過了死神的召喚。地下室還保留著當時的樣貌，可供遊客入內參觀。地下室以外的建築雖被完全燒毀，但由於是鋼筋水泥建築，建築物的基礎結構還殘留下來，於戰後重新整修重建。於2020年重新整修後開放。

在販售齊全廣島縣名產的**ひろしま夢ぷらざ**享受購物樂趣之後，最後的景點就是**福屋百貨公司**。雖然被爆後百貨公司歇業了一段時間，但於1951(昭和26)年時終於以戰前的賣場面積重新開業。其後經歷了數次的整修擴建，於1972(昭和47)年以陶瓦全面重新裝潢外壁，將被爆的痕跡完全抹去。復活後的優美外觀建築物，成為了帶給人們勇氣的所在。

位於廣島市內的和平資料館

廣島和平紀念資料館(p.111)的周邊，散布著數座訴說被爆慘狀的設施，遊客可免費入內參觀。

在**袋町小學和平資料館**（☎082-541-5345、広島市中区袋町6-36、9:00～17:00、12月28日～1月4日休館）被爆校舍的一部分被當作資料館保留與運用。距離原爆中心約460m的這所小學，當時被當作搶救災民的救護中心。因原爆而焦黑的牆壁上，還殘留著當地居民為了尋找彼此下落而遺留的訊息。

廣島遞信醫院舊外來棟被爆資料室（廣島遞信醫院總務課☎082-224-5350、広島市中区

④ 袋町小學和平資料館內記載著留言文字的牆壁（複製品）　⑤ 訴說當時醫院狀態的廣島遞信醫院被爆資料室
⑥⑦ 展示被火燒的女性工作長褲等被爆資料的本川小學和平資料館。在此地下室或1樓共有兩名生還者

東白島町19-16、9:00～16:00，週六‧日‧假日休館）訴說著被爆時醫院當時的狀況。在此以照片介紹醫生與護士全力搶救醫治災民的勵志畫面，如欲參觀請於5天前向廣島縣和平推進課申請。

除此之外，市內還有本川小學和平資料館、廣島市公所舊廳舍資料展示室、廣島大學醫學部醫學資料館等設施。

TEKU TEKU COLUMN

聆聽被爆體驗的故事

廣島和平紀念資料館於8月6日或其前後，以及盂蘭盆節等時期，一年內會舉行約10次被爆災民所主講的「被爆體驗的定期演說」。此外，也全年舉辦傳承者開講被爆經驗的「被爆體驗傳承者的定期傳承經驗演說」。詳細內容公佈於網路首頁。詢問請洽資料館啟發課（☎082-242-7828）

大口嘗遍代表廣島的海鮮珍味吧

新風格的牡蠣美味料理

以瀨戶內海豐富的營養哺育而出的大顆牡蠣飽滿有彈性，滿溢著海潮的香味，可以享用到濃郁的滋味。雖然總括為「牡蠣料理」，依據餐廳的不同，料理的特色與內容也大相逕庭。在這裡特別挑選出不容錯過的進化系美食餐廳！

牡蠣的三國燒

1個 350 日圓 Ⓒ

倒上以洋蔥、胡蘿蔔和大蒜的特調醬汁後以烤箱烘烤而成。醬汁和牡蠣的鮮味極為對味的人氣菜色。

牡蠣饗宴

3080 日圓 Ⓐ

能盡情享受牡蠣各種調理方式的豪華餐點。

炸牡蠣

1320 日圓 Ⓑ

可吃到牡蠣滿滿鮮甜美味的一道，可透過2種醬汁盡情享用。

牡蠣午餐

1980 日圓 Ⓑ

使用多種手法調理牡蠣，是只有在牡蠣專賣店才能吃到的種類豐富午餐全餐。

奶油牡蠣義大利麵

1430 日圓 Ⓐ

奶油醬汁中也是滿滿的牡蠣。味道滑潤順口卻又意猶未盡。鹽漬牡蠣的美味藏在其中。

廣島檸檬迷你冷麵

1320 円 Ⓐ

富有嚼勁的麵條上放了油漬煙燻牡蠣及廣島檸檬，是款口味清爽的冷麵。

牡蠣乾煎

1320 日圓 Ⓑ

透過將牡蠣的鮮味煎至微焦，是種表面經過焦糖化的料理方式。能確實感受到滋味溢滿口腔。

柚香蒸牡蠣し

850 日圓 Ⓒ

濃郁的柚子香氣，將牡蠣的鮮味與八丁味噌的滋味更加襯托凸顯出來。

牡蠣蒸蓮藕

950 日圓 Ⓒ

將磨碎的蓮藕泥等材料和牡蠣清蒸，搭配大量的葛粉勾芡享用。

Ⓐ 和久バル
わきゅうばる

以牡蠣料理聞名的「かき船かなわ」（參照p.121）的系列店。在瀨戶內海自己養殖的牡蠣，肉質緊實，滋味濃香。牡蠣一整年都可吃得到。

地圖p.105-D／☎ 082-236-3730／♥ JR廣島站北ekie2F／⏱ 11:00～22:00LO／㉁不定休／＊18席／Ⓟ 無／JR廣島站即到

Ⓑ Oyster Conclave 牡蠣亭
オイスター コンクラーベ かきてい

在地御前漁港起貨的牡蠣養殖業者所開設的餐廳。可享用到以西洋烹調方式製作多樣性的創意料理。

地圖p.105-G／☎ 082-221-8990／♥ 広島市中区橋本町11／⏱ 11:30～14:30、17:00～22:00／㉁ 週二、不定休／＊34席／Ⓟ 無／銀山町電車站🚶3分※2023年4月時休業中

Ⓒ 御食事処 かき傳
おしょくじどころ かきでん

提供使用廣島牛和瀨戶內海海鮮等在地食材調理的日本料理店。使用能美島養殖業者直送的牡蠣，特徵是加熱調理後依然粒大味美。

地圖p.105-D／☎ 082-264-5968／♥ 広島市東区光町2-8-24／⏱ 11:00～13:30LO、17:00～21:30 LO／㉁週日／＊48席／Ⓟ 3輛／廣島站新幹線口🚶5分

大啖只能在這塊土地嘗到的「珍饈」

堅持使用廣島食材的餐廳

瀨戶內海是日本屈指可數的優良漁場。受惠於豐沛的自然環境，以及四季皆有豐富多樣且新鮮的食材，所以不僅是漁產，肉類與蔬菜的品質也是頂尖極致。請您盡情享用由悉數瞭解廣島食材的廚師所呈上的美食饗宴吧。

瀨戶內味覚処 芸州本店 せとうちみかくどころ げいしゅうほんてん

可以品嘗到鯛魚、星鰻、平鮋等海鮮，以及店家栽種的蔬菜的廣島當令食材的主廚會席料理7700日圓～

餐廳在廿日市市佐伯町擁有2000坪的農地。料理使用無農藥栽培方式種植的蔬菜與瀨戶內海海鮮。有著食材原有美味的料理深獲好評。

地圖p.107-G／☎ 082-248-2558／📍広島市中区立町3-13／🕐 11:00～14:30LO、17:00～22:00LO。週日、假日至～21:30LO／🚫 週二、12/31、1/1／＊230席／🅿 無／廣島電鐵立町電車站🚶3分

1 食材講究的生菜沙拉880日圓
2 店內以日式庭園為參考精心設計擺設

主廚名越孝明先生說道「自己種的菜裡有蔬菜原有的美味，很好吃喔」

這就是講究精髓

主廚平時會於廣島縣內的菜田栽種約30種的蔬菜，並且採收。

醉心本店　すいしんほんてん

可以遍嘗炸牡蠣、烤牡蠣、牡蠣釜飯等廣島產牡蠣的牡蠣全餐6000日圓

提供全年都能吃到的牡蠣，還有油脂豐厚、以柔軟度自豪的國產野生星鰻等多樣能充分享受廣島鄉土料理的菜色。其中又以活跳跳的日本鬼鮋生魚片現做生魚片堪稱絕品。

地圖p.107-G／☎ 082-247-4411／📍 広島市中区立町6-7／🕒 11:00～22:00／休 週三／＊400席／🅿 有／廣島電鐵立町電車站👟2分

這就是講究精髓

料理使用在瀨戶內海水質最優良的海域中生長，飽滿且味道甘甜的牡蠣

音戶鮄仔魚釜飯1100日圓

豆匠　とうしょう

這就是講究精髓

餐廳堅持於料理中使用廣島當地培養生長的道地食材

可以吃到堅持用廣島當地產食材的會席料理。季節會席6000日圓，食材包含山珍海味，以及餐廳自傲的100%日本產黃豆製的豆腐。

本店庭園

地圖p.105-L／☎082-506-1028／📍 広島市南区比治山町6-24／🕒 11:00～13:30LO、17:00～20:00LO（週日、假日為19:00LO）／休 週一、過年期間／＊80席／🅿 12輛／廣島電鐵比治山下電車站👟3分

鮨おゝ井　すしおおい

這就是講究精髓

米使用廣島產的越光米。醬油和桔醬油也都是自己的。

自選壽司包含長旋螺、星鰻、魚肝剝皮魚等壽司(一例)

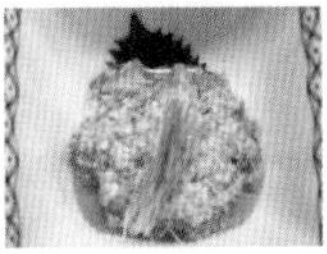

將剝皮魚的魚肉與魚肝以桔醬油拌製3000日圓

這家壽司店只提供每天從魚市場採購直送的海鮮。春季有平鮋、夏季販售石狗公、冬季則是牡蠣或河豚等食材。特級握壽司9個2900日圓。

地圖p.107-H／☎082-245-3695／📍 広島市中区流川町1-14／🕒 18:00～翌日1:30LO／休 無休／＊18席／🅿 無／廣島電鐵胡町電車站👟3分

品嘗評比御好燒

廣島市民的靈魂食物

來到廣島不得不嘗的就是御好燒。在此介紹多如繁星店鋪當中的人氣名店。每家店鋪有著不同的特徵，裡頭藏著其受歡迎的秘密。吃遍每一家店鋪品嘗評比味道的不同吧。

▼肉蛋麵御好燒　880日圓

人氣的祕密

麵在點菜後才現煮，高麗菜也花上15分鐘仔細炒過，有極佳的口感和美味。

薬研堀　地圖 p.107-L

八昌
はっしょう

創業35年。由契作農戶進貨的高麗菜和優質麵粉的麵皮，美味更加突顯。

銀山町電車站🚶7分／📞0 82-248-1776／📍広島市中区薬研堀10-6／🕐 16:00～22:30（週日、假日至21:00）／❌週一、第1、3週二／🅿無

本通　地圖 p.106-F

お好み焼き若貴
おこのみやきわかたか

與一般的廣島風不同，以在麵體上豪爽鋪放配料再煎製的風格大受好評。

廣島電鐵本通電車站🚶1分／📞082-541-0909／📍広島市中区紙屋町2-3-21 紙屋町ロイヤルビル3F／🕐 10:30～23:00／❌無休　＊82席　🅿無

▼特製御好燒　1320 日圓

人氣的祕密

直接呈上半熟蛋，也不吝惜使用花枝、蝦子的爽快御好燒。

當地美味齊聚一堂
御好燒的主題樂園

沒有足夠時間時,以及不知道該去哪家消費時,就可以前往聚集多個店家的御好燒主題樂園。

廣島御好村

由戰後的御好燒路邊攤發展而成。店鋪位於大樓的2～4樓,共有24家店鋪。

八丁堀電車站🚃3分／📞 082-241-2210／📍 広島市中区新天地5-13／🕐 11:00～翌日2:00左右(視店鋪而異)／休視店鋪而異／地圖p.107-G

御好燒共和國 廣島村

位於廣島御好村旁,於2、3樓聚集了小吃攤風格的店鋪,共有8家。

八丁堀電車站🚃3分／📞 082-243-1661／📍 広島市中区新天地5-23／🕐 11:00～24:00左右(視店鋪而異)／地圖p.107-K

廣島御好物語 站前廣場

在廣島站前的大樓內十分方便。從老字號到人氣店鋪,共有15間店鋪進駐在此。

廣島站🚃 2 分／📞 082-568-7890／📍 広島市南区松原町10-1／🕐 10:00～23:00左右(視店鋪而異)／休視店鋪而異／地圖p.105-D

▲肉蛋麵御好燒　840 日圓

🚩 **廣島站**　地圖 p.105-D

麗ちゃん　れいちゃん

戰後在夜市村創業。至今仍然守著路邊攤時代的味道。和車站相通用餐十分方便。

人氣的祕密
以豬油炒麵,再加入少許番茄醬調味。麵皮濕潤有彈性。

廣島站🚃即到／📞 082-286-2382／📍 廣島站新幹線 ekie1F／🕐 11:00～21:30 LO／休不定休／P 無

🚩 **八丁堀**　地圖 p.107-C

みっちゃん総本店　みっちゃんそうほんてん

創業73年的老字號。水果味強而清爽的醬汁是這裡獨創特製而成。

八丁堀電車站🚃5分／📞 082-221-5438／📍 広島市中区八丁堀6-7／🕐 11:30～14:30、17:30～21:00(週六日、假日為11:00～21:00),LO為各30分前／休週四／P 無

人氣的祕密
善用高麗菜與麵條等食材的原味,巧妙利用鐵板表面溫度的差別煎製而成。

▲特製加麵煎餅　1400 日圓

▲特製招牌御好燒　1450 日圓

🚩 **廣島御好物語站前廣場**　地圖 p.105-D

そぞ

酥脆的麵和半熟雞蛋的搭配料理令人耳目一新。加上清爽的蘿蔔泥十分對味。

人氣的祕密
所有的御好燒都會附上免費的蘿蔔泥。和大量的青蔥十分對味。

廣島站🚃2分／📞 082-568-7843／📍 廣島御好物語站前廣場裡(參照最右上方欄位)／🕐 10:30～23:00／休不定休／P 無

美食

法式料理

ラ・シャンブル幟町茶寮
ラ・シャンブルのぼりまちさりょう

地圖 p.107-D
JR廣島站往廣島電鐵廣電宮島口等
方向10分，胡町電車站🚃2分

　　將巷弄內旅館改裝而成的餐
廳。由全日本進貨食材做成的菜
色，是加入了日本料理的味道，
可以用筷子享用的法國菜。以砂
鍋蒸的米飯用的是上瀨野產的越
光米，鍋巴也十分美味。

☎ 082-502-0170
📍 広島市中区幟町12-17
🕐 12:00～14:30、18:00～21:00
休 週日　*26席　Ｐ無

無湯擔擔麵

中華そば くにまつ
ちゅうかそば くにまつ

地圖 p.107-C
廣島電鐵立町電車站🚃3分

　　引起廣島無湯擔擔麵旋風的
發源地。特色是富有彈性的自
製麵條，而使用特製甜麵醬等
手工調味料的醬汁，吃起來更
是妙不可言，辣度有5個等級可

選擇。無湯白蔥與滿滿絞肉擔
擔麵630日圓。

☎ 082-222-5022
📍 広島市中区八丁堀8-10
🕐 11:00～15:00、17:00～
　 21:00（週六僅白天）
休 週日　*21席　Ｐ無

無湯擔擔麵

武蔵坊
むさしぼう

地圖 p.104-J
JR廣島站往廣島電鐵廣島港15
分，中電前電車站🚃10分

　　放入自家製香辣辣油的肉味
噌醬均勻拌入麵條中後享用。美
味的訣竅是加入喜愛份量的山椒
粉，再攪拌至成為黏稠狀態為
止。担担麵800日圓。吃完麵後
可花100日圓買白飯拌入醬汁。

☎ 082-578-7384
📍 広島市中区富士見町5-12
🕐 11:00～24:00
休 無休　*15席　Ｐ無

沙丁魚漢堡肉

創作料理 稲茶
そうさくりょうり いなさ

地圖 p.107-D
廣島電鐵胡町電車站🚃3分

　　在道場六三郎旗下學藝的店
長所開設的創意料理餐廳。除
了御膳與會席料理外，還有
100種的單點料理，如使用瀨戶
內海名產小沙丁魚作的沙丁魚
漢堡肉1300日圓、和鮑魚佐內
臟汁2900日圓左右（時價）等。

☎ 082-212-1730
📍 広島市中区鉄砲町7-13
🕐 11:30～13:30LO、
　 17:30～21:00LO
休 週日、假日　*30席　Ｐ無

御好燒

ちんちくりん薬研堀本店
ちんちくりやけんぼりほんてん

地圖 p.107-C
廣島電鐵銀山町電車站🚃10分

　　ちんちくりん的總本店。御好燒
所用的炒麵，可選擇要生麵或蒸
麵。平日午餐可使用有番茄、萵
苣的沙拉吧，很受女性好評。最
受歡迎的生麵ちんちくりん燒
1230日圓。

☎ 082-240-8222
📍 広島市中区田中町6-3
🕐 17:00～23:30LO
休 週二、第3或第4週一
*45席　Ｐ無

みっちゃん総本店 八丁堀本店
みっちゃんそうほんてん はっちょうぼりほんてん

地圖p.107-H
廣島電鐵胡町電車站🚶5分

創業70年，為廣島風御好燒的發祥店。品項除了當然有御好燒外，還有牛肩五花1150日圓、廣島名產牡蠣燒1150日圓等，可盡情享用廣島特色料理。

📞 082-221-5438
📍 広島市中区八丁堀6-7
🕐 11:30～14:30、
17:30～20:30OL
🏠 週四 ＊50席 🅿 無

柳橋 こだに
やなぎばし こだに

地圖p.105-G
JR廣島站往廣島電鐵宮島口等方向7分，銀山町電車站下車🚶3分

專賣牡蠣與鰻魚的餐廳。只在午餐時段才能嘗到的炸牡蠣定食1730日圓起。全餐料理（僅晚上2名起餐，需預約）6300日圓～。牡蠣料理僅於11月上旬～5月下旬提供，而鰻魚料理終年可品嘗到。

📞 082-246-7201
📍 広島市中区銀山町1-1
🕐 11:30～14:00、17:00～20:30
🏠 週日、假日 ＊35席 🅿 無

かき船かなわ
かきふねかなわ

地圖p.106-E
JR廣島站往廣島電鐵宮島口16分，原爆圓頂前電車站下車🚶2分

利用停泊在元安川的船屋營業的餐廳。餐廳擁有牡蠣筏，一年四季都可嘗到早上採的新鮮牡蠣。午餐為可以享用到瀨戶山珍海味的廣島款待全餐6050日圓、晚餐的盡享牡蠣全餐9900日圓等料理。雖備有單點菜色，但全餐因能嘗到廣島美食精髓而更受歡迎。

📞 082-241-7416
📍 広島市中区大手町1地先
🕐 11:00～14:30、
17:00～21:00LO
🏠 過年期間 ＊60席 🅿 無

廣島

TEKU TEKU COLUMN

河川沿岸的放鬆空間
京橋R-Win

廣島市中心區有數條河川流經，因而有「水都」的稱號。其中以京橋川畔的露天咖啡廳博得好評。位於稻荷大橋旁的這一帶共開設了3家咖啡廳。主要販賣紅茶的咖啡廳「Tea Garden Pul-Pul」（10:30～19:30）、氣氛悠閒的「il vento」（8:30～18:30）、從契約農家進貨水果製作蛋糕的「MUSIMPANEN」（10:00～20:00），另外也有販售正餐的泰式咖哩店「まな～む ぴいすうあ」（11:00～22:00）。

地圖p.105-G／銀山町電車站🚶3分

「廣島品牌」認定的各項商品

廣島的精選伴手禮

飯杓牡蠣飯 1600日圓 Ⓐ
大量使用廣島縣產牡蠣的火車便當。
飯杓形狀的容器也很個性獨具

空口媽媽的鹹味牛奶果醬
(140g)920日圓 Ⓑ

使用湯來產的牛奶和蒲刈產的薄鹽
做成,有著順口的甘甜味

烤栗子蛋糕 380日圓 Ⓒ
外皮有著酥脆的口感,裡面帶有奶油香
的濕潤質地蛋糕是最大特徵。

**本洲一無過濾
本釀造酒**(720ml)
1650日圓 Ⓓ

使用廣島縣內產的米、酵
母與伏流水製成。味道帶
有水果味且滑順爽口

Ⓐ ひろしま駅弁

1901(明治34)年創業
之後,一直受到市民喜愛
的老字號便當店。飯杓牡
蠣飯是在每年10～3月才
有的期間限定便當,充滿
此地旅遊風情。

販賣處…JR廣島站內各
家賣店/廣島車站便當株
式 會 社 ☎ 082-261-16
78/◷ 5:30～22:00/㉨
無休/地圖p.105-D

Ⓑ 空ロママの
みるく工房

在廣島市北部的湯來
町,牛隻以自然放牧養
成,本店以使用當地食材
費心手工製作的果醬聞
名。牛奶果醬沒有人工添
加物,兒童都可以安心食
用。

販賣處…湯來町本店/
☎ 0829-86-1465/◷
10:00～17:00/㉨ 週二

Ⓒ Pâtisserie
Alpha

蛋塔、餅乾蛋糕、牛角
麵包等西點種類豐富的麵
包西點店。烤栗子蛋糕裡
面包入整顆栗子,是1天甚
至能販賣出500～1000個
的人氣商品。

販賣處…広島県広島市
中区橋本町4-23-1F/
☎ 082-51 1-3840/◷
9:00～18:30/㉨ 週日
地圖p.105-G

Ⓓ 梅田酒造場

創業至今100年的老字
號釀酒廠。位於廣島市的
東部,安藝區船越的岩瀧
山的山腳處,酒廠使用從
岩山流出的伏流水與廣島
縣產的米來釀酒。

広島市安芸区船越6-3-8
/☎ 082-822-2031/
◷ 8:00～20:00/㉨ 無
休/地圖p.105-D

由廣島市進行審查的「The廣島品牌」，是以製法和品質優秀、擁有廣島感覺，以及獨特性、稀有性等基準選出的品牌。這些商品全都是廣島市民熟悉，而且是當地掛保證的特產品。

堀口的牡蠣（生牡蠣1kg）
6480円　Ｅ

在廣島灣的似島附近費心養殖。使用紫外線殺菌不會損及風味，可放心

化粧筆　935日圓～　Ｆ

博得了全球的高度評價，是肌膚觸感極佳的熊野製化妝筆

LEMOSCO
454日圓　Ｇ

以瀨戶內海的檸檬，加上醋與青辣椒調製而成的辛辣調味料

廣島名產 柿羊羹　祇園坊（270g）
1728日圓　Ｈ

將柿乾以蜜漬後切碎做出的羊羹，明治時代就是廣島名產

Ｅ 堀口海產	Ｆ 丹精堂	Ｇ ヤマトフーズ	Ｈ 平安堂梅坪
廣島灣內以似島近海可以養殖出優質的牡蠣聞名，因此在這個區域養殖。個頭大，滋味濃厚又無腥味，每年11～3月的期間限定販賣。	在自古便是毛筆產地的熊野，由熟練的工匠由原毛起手工製作的毛筆風評極佳。除了好用之外也經過殺菌，可以放心。	精選食材原料，完全不使用防腐劑、色素、化學調味料的天然調味料。使用當地產的原料，由專業釀造匠手工製作而成。	1918(大正7)年創業的老字號和菓子店。品名來自於廣島市祇園原產的柿子名稱，味道甜美而講究的柿羊羹。
販賣處…AVANCE ekie 廣島站店／☎ 08 2-263-6010／🕐 8:00～20:00 ／🈺無休 地圖p.105-D	販賣處…廣島站新幹線口 KUMANOFUDE SELECTSHOP 廣島 店／☎ 082-56 8-5822／🕐 10:00～19:00 ／🈺 無休／地圖p.105-D	販賣處…ひろしま夢ぷらざ（參照p.124）／長崎屋（參照p.124）／廣島站 ekie2F伴手禮館	販賣處…平安堂梅坪本通店／☎ 082-247-0372 ／🕐 9:30～18:30／🈺 無休／地圖p.107-G

廣島的精選伴手禮

購物

熊野筆

広島筆センター
ひろしまふでセンター

地圖 p.106-F
JR廣島站往廣島電鐵廣電宮島口等
方向18分，紙屋町西電車站下車
🚶5分或本通下車🚶5分

　　販售熊野町特產的熊野毛筆
店。熊野町生產毛筆始於江戶
時代後期，現在熊野的毛筆產
量，占了全日本的8成以上。毛
筆售價小筆為500日圓起、大
筆為1000～3000日圓左右。臉
頰刷3500日圓起，唇刷則為
1000日圓起等，化妝筆因觸感
良好而廣受好評，加購100日
圓可享刻字服務。毛筆材質有
松鼠、鼬鼠、馬毛等可供挑選。

📞 082-543-2844
📍 廣島市中區大手町1-5-11
🕐 10:00～19:00
休 不定休(每月1次)　P 無

和菓子

御菓子所高木十日市本店
おかしどころたかきとうかいちほんてん

地圖 p.144-B
JR廣島站往廣島電鐵廣電宮島口等
方向17分，十日市町電車站下車
🚶2分

　　1918(大正7)年創業，廣島
具代表性的和菓子專門店。廣
島名點鶴龜最中1個184日圓、

安藝的衣菓子4入746日圓起、
廣島檸檬菓1個216日圓以外，
還有多種季節性的和菓子324
日圓。茶坊則推薦午餐限定的
紅豆飯便當1760日圓或小倉葛
粉1100日圓。

📞 082-231-2121
📍 廣島市中區十日市町1-4-26
🕐 9:00～18:00
　 (週日、假日～18:00)、
　 茶寮10:00～17:00(16:30LO)
休 元旦　P 3輛

特產品・名產品

長崎屋
ながさきや

地圖 p.106-F
本通電車站🚶1分

　　銷售廣島特產與名產的店，
牡蠣與松茸有自己的管道直接
進貨。人氣商品為向當地漁夫
直接批來的音戶魩仔魚540日
圓、廣島菜漬486日圓起、廣
島式御好燒3片4700日圓。瀨
戶內海鮮製成的下酒菜與點心
類，樣式種類也不少，可在此
盡情挑選。

📞 082-247 2275
📍 廣島市中區本通6-8
🕐 10:00～18:00
休 8月15日、1月1日～3日
P 無

特產品・名產品

ひろしま夢ぷらざ
ひろしまゆめぷらざ

地圖 p.107-G
本通電車站🚶3分

　　販售廣島縣的生鮮食品和加
工品等特產，與提供觀光資訊
的公營商店。位於熱鬧的市區
中心本通商店街的一隅，販售
和菓子、調味料和調理包食品、
工藝品等多元的商品。每天更
換在店頭銷售的區域特產品很
受歡迎，吸引了不少客人。也
提供各地的活動資訊和觀光介
紹。柚子奶油蛋糕1620日圓、
紅葉饅頭(8個入)870日圓、田
舍卷壽司580日圓、熊野毛筆
1100日圓起。以及宮島飯杓
210日圓起等，廣島的特產齊
聚一堂。

📞 082-544-1122
📍 廣島市中區本通8-28
🕐 10:00～18:00
休 週三(逢假日則營業)
P 無

麵包・西點

ANDERSEN HIROSHIMA
ひろしまアンデルセン

地圖 p.106-F
本通電車站🚶3分

　　全國皆有分店的安德森麵包
本店。創業於1967(昭和42)
年，建築外觀厚重壯觀令人印
象深刻。以麵包為首，還販售

了葡萄酒、起司、熟食、甜點、鮮花等，以麵包生活為提案。經過整修，於2020年8月重新開幕。

☎ 082-247-2403
📍 広島市中区本通7-1
🕐 1F　10:00～19:00
　 2F　11:00～20:30LO
🈳 不定休　🅿 使用🅿 合作停車場

地產酒
大和屋酒舗
やまとやしゅほ

地圖p.107-H
JR廣島站往廣島電鐵廣電宮島口等方向6分，胡町電車站🚶3分

　銷售全國的地產酒，其中隨時備有30～40種廣島地產酒。也販賣了不少由廣島縣內的釀酒廠所提供，只在這裡買得到的獨家品牌商品。「寶劍 純米超辛口酒」720ml為1375日圓、溫州柑橘酒「富久長」500ml為1210日圓，只有在廣島才買得到的「美和櫻　大吟釀」720ml售價2620日圓等。

☎ 082-241-5660
📍 広島市中区胡町4-3
🕐 10:00～21:00
🈳 週日、假日　🅿 無

紅葉饅頭
にしき堂光町本店
にしきどうひかりまちほんてん

地圖p.105-D
JR廣島站🚶5分

　以1個100日圓的廣島名產紅葉饅頭聞名的店。除豆沙餡外，另有紅豆餡、起司奶油、巧克力、抹茶等6種口味，各100日圓。標榜「當天的紅葉饅頭當天做」，早上6點就開始烤，店內陳列的都是剛烤好的。西式和菓子「新平家物語」1盒130日圓，糯米皮的「やき餅咲ちゃん」和「生もみじ」各130日圓也是受歡迎的廣島名點。新幹線口、廣島站南口也有分店。

☎ 082-262-3131
📍 広島市東区光町1-13-23
🕐 9:00～18:00
🈳 無休　🅿 3輛

川通餅
御菓子処 亀屋
おかしどころ かめや
廣島站ekie 廣店
ひろしまえきえきひろしまてん

地圖p.105-D
JR廣島站🚶即到

　於室町時代，毛利師親擔任安藝國吉田莊領主當時發明的

川通餅，雖然一直到昭和時代當地居民都有食用的習慣，於戰後卻逐漸銷聲匿跡。目前亀屋重新推出有著現代風格的川通餅和菓子，15個售價730日圓起。柔軟帶有甜味的求肥放入了核桃，再灑上黃豆粉，有著樸實的口感。

☎ 082-263-0262
📍 広島市南区松原町2-37
　 廣島站ekie2F 伴手禮館內
🕐 8:00～21:00　🈳 不定休
🅿 無

奶油蛋糕
長崎堂
ながさきどう

地圖p.107-K
廣島電鐵八丁堀電車站🚶6分

　知名的奶油蛋糕專賣店。在位於店鋪內的工廠中，以從創業當時就不變的食材與方法製作出的奶油蛋糕，有著濕潤的口感和濃郁的奶油味，令人想一口接一口。奶油蛋糕小(18cm)1150日圓、中(21cm)1400日圓。

☎ 082-247-0769
📍 広島市中区中町3-24
🕐 9:00～15:30
　 （售完打烊）
🈳 週日、假日　🅿 無

住宿指南

廣島		
廣島格蘭比亞酒店	☎082-262-1111／地圖p.105-D／⑤7500日圓～、Ⓣ12100日圓～ ● 位在JR廣島站北側，直通新幹線口，地點絕佳。	
廣島喜來登酒店	☎082-262-7111／地圖p.105-D／⑤16150日圓～、Ⓣ20400日圓～ ● 可從JR廣島站新幹線口的陸橋直通。SPA跟健身房等設施完善。	
APA飯店廣島站前	☎082-264-9111／地圖p.105-H／⑤15000日圓～、Ⓣ30000日圓～ ●JR廣島站南口⟿3分，旁邊就有福屋很方便購物。	
Via Inn 廣島新幹線口	☎082-568-5489／地圖p.105-D／⑤22000日圓～、Ⓣ30800日圓～ ●JR廣島站北口（新幹線口）⟿約3分，最頂樓的10樓有大浴場可泡湯。	
廣島格蘭王子大飯店	☎082-256-1111／地圖p.144-F／⑤7850日圓～、Ⓣ7860日圓～ ● 前方就是棧橋，可搭高速船前往宮島（費用需洽詢）。	
Mielparque飯店 廣島	☎082-222-8501／地圖p.106-B／⑤5800日圓～、Ⓣ8000日圓～ ● 位在直通廣島巴士中心3樓的位置，很吸引人。距離原爆圓頂只要走路1分。	
Hotel S-Plus Hiroshima Peace Park	☎082-541-5555／地圖p.106-J／⑤4600日圓～、Ⓣ6900日圓～ ● 網路跟早餐都免費，也有提供膠囊咖啡服務。	
廣島國際飯店	☎082-248-2323／地圖p.107-G／⑤4000日圓～、Ⓣ5000日圓～ ● 步行即可到達本通拱廊商店街，對觀光、購物來說都很方便。	
三井花園飯店 廣島	☎082-240-1131／地圖p.107-K／⑤5800日圓～、Ⓣ12040日圓～ ● 位在綠意豐沛的和平大通中間，是擁有25樓高的高層飯店。	
廣島東急REI飯店	☎082-244-0109／地圖p.107-K／⑤4800日圓～、Ⓣ7600日圓～ ● 房間寬敞的高級商務飯店，全館皆有Wi-Fi。	
Ark飯店 廣島站南	☎082-263-6363／地圖p.105-H／⑤5000日圓～、Ⓣ6800日圓～ ● 客房附加濕功能的空氣清淨機，設備完善。10樓有展望大浴場。	
相鐵FRESA INN 廣島站前	☎082-536-2031／地圖p.106-J／⑤5100日圓～、Ⓣ8000日圓～ ● 從熱鬧的流川步行而來約5分。早餐可選日式套餐或西式套餐。	
EN HOTEL Hiroshima	☎082-242-0505／地圖p.105-K／⑤4165日圓～、Ⓣ5046日圓～ ● 從熱鬧的流川走路過來只要5分。早餐可選擇要西式套餐還是日式套餐。	
廣島21世紀酒店	☎082-263-3111／地圖p.105-H／⑤4700日圓～、Ⓣ5800日圓～ ● 由於客房寬敞，可盡情在此洗盡旅途疲憊，是一大魅力。	
廣島麗嘉皇家酒店	☎082-502-1121／地圖p.106-B／⑤8000日圓～、Ⓣ9000日圓～ ● 距離廣島城跟和平紀念公園都很近，是觀光方便的都市型度假飯店。	
廣島東方飯店	☎082-240-7111／地圖p.107-L／⑤5500日圓～、Ⓣ10000日圓～ ● 對房間備品有所堅持，例如提供飯店自製的洗髮精等等。	
廣島華盛頓酒店	☎082-553-2222／地圖p.107-H／⑤6500日圓～、Ⓣ8900日圓～ ● 全部房間都有獨立的衛浴設施。也有配品充實的女性房。	
湯來溫泉·湯之山溫泉	国民宿舎湯来ロッジ	☎0829-85-0111／地圖p.144-A／1泊2食9100日圓～ ● 以源泉29度的源泉放流式加熱溫泉為特色。用餐為自助形式。
	河鹿荘	☎0829-85-0311／地圖p.144-A／1泊2食10500日圓～ ● 被稱為廣島後花園的湯來溫泉。可在豐沛綠意中享受溫泉泡湯的樂趣。
	森井旅館	☎0829-83-0403／地圖p.144-A／1泊2食12000日圓～ ● 充滿昭和風情的木造旅館。餐點堅持地產地消，使用了自己種的米。

富有風情白壁的優美產酒地
西条酒藏通

與灘‧伏見齊名為日本三大酒產地之一的西条。矗立挺拔於白壁街區內的紅磚煙囪是酒藏的最大特徵。一同漫步於酒藏通，巡遊於酒廠之間吧。 地圖p.145-C

微醺漫步於泉湧名水的城鎮

西条於17世紀末開始進行釀酒。目前在此有7家酒廠。於各酒廠可以試喝與購買日本酒，也有部分酒廠開放參觀釀酒過程。

位於廣島藩本陣遺址的賀茂鶴酒造，是率先釀造出大吟釀的酒廠。在此可以試喝好幾種的日本酒，從影片中學習到釀酒的製造流程（ ☎082-422-2121、9:00～17:45，不定休）。白牡丹酒造為廣島縣內最古老的酒廠之一，創業於1675(延寶3)年。日本酒味道甘甜優雅，入喉後舌齒留香，連夏目漱石和棟方志功也愛喝這裡的酒（ ☎082-422-2142、10:30～16:00，不定休）。

賀茂泉酒造的酒以味道芳醇與純米酒特有的金黃色為最大特色。只有非假日可以參觀酒廠內部（ ☎082-423-2118、8:30～17:00，需1週前預約參觀）。在一旁設有同時販賣酒類的咖啡廳「酒泉館」內，遊客可搭配下酒菜，品嘗到各式不同的日本酒（☎082-423-2021、10:00～17:00，週六日、假日營業）。

交通指南
JR廣島站搭乘山陽本線往糸崎方面36～42分，西条站下車
觀光詢問處
西条酒藏通觀光服務處 ☎082-421-2511

1 時值釀酒期間的賀茂鶴酒造 2 艷麗白壁映入眼簾的白牡丹酒廠
3 賀茂泉酒造的純米吟釀以溫酒最美味
4 酒藏通沿途可見本陣遺址的門

西条

往廣島

西条

集「酸甜苦辣澀」為一體的日本酒。味道清爽且順喉。

さいじょう

山陽本線

往三原

卍真光寺
山陽鶴酒造
西条岡町
山陽道
本永病院✚
西条西本町

西条駅前
P
東横イン
東広島西条駅前
P.127 白牡丹酒造
平田屋 Ⓢ

賀茂鶴酒造 P.127
Ⓢ
卍円通寺
御茶屋(本陣)跡

西條鶴酒造
福美人酒造
賀茂鶴酒造 西条本町
酒藏通り

特色是口感輕盈後味極佳

這裡的酒味道豐潤而且容易入口

サンスクエア東広島
東広島
芸術文化ホール くらら

中央公園前
中央公園

辣口而且味道清爽

ホテル
グランカーサ

東廣島市

ハローズ
東広島モール
もみじ
栄町
1:10,000
0   200m

安芸
郵局
西条栄町

西条酒造協會
西条朝日町

賀茂泉酒造 P.127
Ⓢ
大坂通り
酒泉館 R P.127

東広島市役所

宮島

嚴島神社的大鳥居浮於大海上

在信仰匯集的諸神之島造訪典雅文化與大自然

　　原生樹林覆蓋，保留天然景觀的彌山，因充滿靈性自古就被譽為神明之島。保留平安時代優雅氣息的嚴島神社中，有展開華麗王朝繪卷的管弦祭，以及舞台搭建在海面上供奉的舞樂等引人發思古幽情的祭典不少。1996(平成8)年登錄為世界文化遺產。

HINT

前往宮島的方法・遊逛順序的小提示

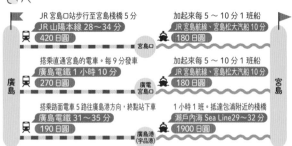

	JR宮島口站步行至宮島棧橋5分		加起來每5～10分1班船
廣島	JR山陽本線 28～34分 420日圓	宮島口	JR宮島航線、宮島松大汽船10分 180日圓
	搭乘直通宮島的電車。每9分發車		加起來每5～10分1班船
	廣島電鐵 1小時10分 270日圓	廣電宮島口	JR宮島航線、宮島松大汽船10分 180日圓
	搭乘路面電車5路往廣島港方向，終點站下車		1小時1班。抵達包浦附近的棧橋
	廣島電鐵 31～35分 190日圓	廣島港(宇品港)	瀨戶內海 Sea Line 29～32分 1900日圓

(宮島)

　　參考上圖。宮島口碼頭～宮島碼頭間的航路，使用青春18等JR的優惠票券時，只能搭乘JR宮島航路。使用廣島電鐵的周遊券等票券時，只能搭乘宮島松大汽船，請注意。

●從宮島港出發

觀光計程車⋯常駐宮島碼頭。和一般計程車候車處相同，1小時4680日圓。遊逛嚴島神社周邊約1小時，連同遊逛紅葉谷公園的話則約需要2小時。

區域的魅力度

散步
★★★★
能量氣場
★★★★
山間健行
★★★★

火熱資訊：
為了悼念亡靈與祈求世界和平而點燃燈火，舉辦法會與演奏會的「萬燈會」為每年9月上旬，18:00開始於大聖院所舉行。

觀光交通詢問處

宮島觀光協會
☎0829-44-2011
JR宮島口站
☎0570-002-486
廣島電鐵
☎0570-550700
JR西日本宮島渡輪
☎0829-56-2045
宮島松大汽船
☎0829-44-2171
瀨戶內海Sea Line
☎082-254-1701
宮島鯉魚計程車
☎0829-55-1111
宮島纜車營業所
☎0829-44-0316

廣島世界遺產 定期觀光巴士

　　巡遊2座世界遺產「原子彈爆炸遺址」與「宮島(嚴島神社)」，包含午餐與導遊解說的路線行程。發抵於廣島站新幹線口，8:50發、16:30到。詳情請洽中國JR巴士☎0570-010-666(→p.149)

試著悠閒漫步於宮島的小巷弄間

宮島內連小巷弄都留有古意。由表參道商店街靠山一條的町家通，直到江戶後期都是當地的表參道。現在改作為一般生活道路使用，留有不少傳統的商家建築。

町家通在靠山的一條巷弄，據說是室町時代參道的古徑，從高地可以一覽宮島風光的景點。嚴島神社到大聖院的道路稱為瀧小路，是古來神官居住的區域。可以看到千本格子等大戶人家獨特的宅邸風貌。

嚴島神社

いつくしまじんじゃ

地圖 p.129-C
宮島碼頭至御本社 🚶15分

　593（推古天皇元）年創建的嚴島神社，於1168（仁安3）年由平清盛打造成今天的規模。矗立在海平面上的寢殿造樣式壯麗社殿，以及古色古香的祭典，保留平安時代的風華至今。到了鎌倉與室町時代，仍受朝廷和幕府崇敬。於戰國時代則是受到了大內氏和毛利氏的保護。從江戶時代起至今，前來參拜的香客絡繹不絕。現在建築本身與寶物被指定為國寶、重要文化財，並在1996（平成8）年12月和彌山一起被登錄為世界文化遺產。

📞 0829-44-2020 　📍 廿日市市宮島町1-1

豐國神社（千疊閣）

ほうこくじんじゃ（せんじょうかく）

　1587（天正15）年，豐臣秀吉為了供養戰死將兵而著手建造的桃山時代壯麗歇山頂形式的大經堂。由於鋪設的857塊榻榻米占了塔之丘的大部分，因此被稱為千疊閣。秀吉去世後，建造工程跟著中斷，正面入口與天花板的部分，都保留未完工的模樣。大經堂內還留有當時重建大鳥居時使用過的量尺工具。從御本社迴廊入口 🚶3分。

🕐 8:30～16:30　❌ 無休　💴 100日圓

五重塔

ごじゅうのとう

　據傳建於1407（應永14）年的五重塔，是日中折衷樣式、檜木皮屋頂的三間五重塔，高約27m。內部柱子上繪有金襴卷裝飾，內壁繪有色彩鮮艷的佛畫。緊鄰千疊閣，從佛社參道也能仰望其優美姿態。從御本社迴廊入口 🚶4分。

※免費參觀（內部非公開）

御本社・客神社・能舞台

ごほんしゃ・まろうどじんじゃ・のうぶたい

　走入紅色長廊，最先映入眼簾的是客神社。在此供奉著天忍穗耳命等5位男神。沿路欣賞映照中秋明月的鏡池等和歌歌詠的景緻，朝高舞台前進。高舞台建在海平面上，平清盛引進嚴島神社的舞樂，就在此酬神演出。桃花祭（4月16～18日）、菊花祭（10月15日）等演出眾多（皆為17:00～）。位於正面的是備有拜殿、祓殿的御本社本殿。除市杵島姬命外，還供奉2尊女神，自古以來就是受人信仰虔誠的海上守護神。過了大國神社、天神社就是能舞台。能舞台是由毛利元就捐贈興建，為日本唯一建

於海中的懸山頂建築。桃花祭御神能（4月16・17・18日9:00～）在此酬神演出。舞樂、能劇免費鑑賞。

☏ 0829-44-2020 ⏰ 6:30～18:00（視季節而異）💴 昇殿費300円

大鳥居
おおとりい

現在的大鳥居建於1875（明治8）年，是平清盛打造時起算的第9代。高16m、寬24m，由樟木建成。鳥居並非埋在沙中，而是靠著本身的重量矗立。退潮時可走上沙灘接近鳥居，由下往上仰望，氣勢逼人。漲潮時彷彿整座鳥居漂浮在海面上。還可乘坐「檜欄舟」近距離觀賞，不過僅天氣好、滿潮時出航，時刻表需事先確認。大鳥居歷經長達3年的整修，於2022年12月重新開放。

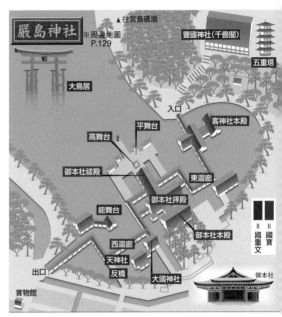

寶物館
ほうもつかん

收藏約4500件的美術與工藝品。「平家納經」（複製品）是平清盛等平家貴族、夫人們為求平家一族繁榮，各寫一卷而成。包含平清盛親筆所寫祈願文在內，共有33卷，堪稱集平安風雅於大成。館內也收藏許多如足利尊氏、毛利元就等名聲顯赫的武將所捐贈的大刀、鎧甲等國寶與重要文化財。御本社C4分。

☏ 嚴島神社 0829-44-2020
⏰ 8:00～17:00 🈚 無休 💴 入館300円

多寶塔
たほうとう

地圖p.129-C

建於神社西側山丘上，相傳是1523（大永3）年僧侶周歡所創建的。是二層的和式塔，部分可見印度、唐朝樣式。上下層構造不同，下層為方形，上層為圓形。是宮島的賞櫻名勝，眺望下方矗立在海中的大鳥居，景緻相當壯麗。御本社🚶7分。

※限外觀自由參觀

大聖院
だいしょういん

地圖 p.129-C
宮島口碼頭🚢即到的宮島松大觀光船10分，宮島碼頭下船🚢20分

　　因是宮島最古老的寺院而聞名，為真言宗御室派的大本山。「敕願堂」供奉著豐臣秀吉於出兵朝鮮前，為了祈求勝利與海上平安而來膜拜的本尊波切不動明王。安放著四國八十八所靈場本尊的「遍照窟」（上方照片）。還有祭祀著傳說以強大超能力拯救眾生，全國唯一的鬼神·三鬼大權現的「魔尼殿」等，眾多景點可供參觀。

📞 0829-44-0111　📍廿日市市宮島町滝町210
🕐 8:00～17:00　🈚無休　💰免費　🅿無

宮島歷史民俗資料館
みやじまれきしみんぞくしりょうかん

地圖 p.129-C
宮島碼頭🚢20分

　　建於江戶末期的富商江上家主屋、土牆倉庫經過復原後開放為資料館。除了介紹宮島祭典活動的圖片，日常生活所用的家具、特產飯杓等工藝品外，也重現了嚴島合戰圖，可藉以瞭解宮島人過往的生活歷史。館內有介紹平清盛

事蹟的年表，還可以觀看到宮島成為世界文化遺產過程的影像記錄。尤其推薦從主屋房間內眺望而出的日本庭園景觀。

📞 0829-44-2019　📍廿日市市宮島町57
🕐 9:00～17:00（入館至16:30）
🈚週一（逢假日則翌日休）
💰 300日圓（中小學生免費）　🅿無

宮島的参拜遊覽船
みやじまのさんぱいゆうらんせん

地圖 p.129-B
宮島碼頭出發（3號碼頭）

　　宮島附近有許多遊船，提供由碼頭到大鳥居的遊覽行程。遊覽船營運時間為黃昏到夜晚之間，可以近距離觀賞到打燈營造出夢幻氛圍的大鳥居。各家公司所營運的遊船，共有「第三御笠丸」、「楓葉」、「清盛II」等數艘。各公司遊覽船的運航時間為17:00～22:00左右。

アクアネット広島📞0829-44-0888（第三御笠丸）、
宮島観光遊覽📞0829-78-1419（楓葉·清盛II）
📍廿日市市宮島町1162-18（宮島港碼頭）
🕐所需時間30分，須預約（可當日）
💰 1600日圓左右　🅿無

宮島傳統產業會館
みやじまでんとうさんぎょうかいかん

地圖 p.129-B
宮島碼頭🚢1分

　　目的是振興和繁榮宮島的傳統工藝品。1樓的展示商店裡，除了展示寬政年間起擁有約220年歷史的宮島飯杓之外，還有轆轤工藝品等展示品，同時也進行販售活動。2樓和3樓是各式體驗活動區。飯杓製作400日圓、手烤紅葉饅頭880日圓、宮島雕刻1900日圓（需預約）等，可以親手接觸到宮島的傳統工藝。

☎ 0829-44-1758 　♀ 廿日市市宮島町1165-9
🕐 8:30～17:00 　㊡ 週一（逢假日則翌日休）
💴 免費 　🅿 無

紅葉谷公園
もみじだにこうえん

地圖 p.129-D
宮島碼頭🚶20分

　位於嚴島神社後方的彌山山麓，天然紀念物日本冷杉與櫸樹等原生樹林環繞。幕府末期到明治年間，種植約200棵楓樹整建成公園。特別是當700株樹木到了秋天一舉轉紅，整座溪谷染成深紅色的11月中旬到下旬的紅葉季節最有看頭。但新芽時期，夏天綠意盎然的景緻也頗具風味。

宮島觀光協會 ☎ 0829-44-2011
♀ 廿日市市宮島町 紅葉谷公園
＊自由入園 🅿 無

宮島水族館
みやじますいぞくかん

地圖 p.129-C
宮島碼頭🚶25分

　在「療癒和接觸」的概念下，展示並解說以瀨戶內海的生物為主的350種，超過13000隻

的生物。除了廣島名產且是大家熟知的牡蠣和白帶魚水槽之外，還飼養著小白鯨、海象、水獺、企鵝等極受歡迎的水生生物。另有海豹秀、射水魚的射擊等表演，以及邊玩邊學習海洋生物的體驗學習專區。

☎ 0829-44-2010 　♀ 廿日市市宮島町10-3
🕐 9:00～17:00（入館至16:00）
㊡有臨時休館 　💴 1420日圓 　🅿 無

TEKU TEKU COLUMN

宮島的祭典

　嚴島神社最大的祭典管絃祭，彷彿展開了一幅華麗的王朝繪卷。每年農曆的6月17日（15:00～），於船上演奏管弦樂的御座船會駛向對岸的地御前神社，之後再返回嚴島神社。8月中旬會在嚴島神社海上舉行水中煙火大會。7～8月中旬之際，會舉辦玉取祭，由眾多信徒搶奪架在海中的檜尖寶珠。於每年除夕（18:00～），為了希冀火災不要發生，年輕人會用肩擔著熊熊燃燒的火炬，緩緩行進於御笠浜上，舉行名為鎮火祭的祭典。

地圖 p.129-A
宮島觀光協會 ☎ 0829-44-2011

宮島

隨興遊逛

MAP

彌山　地圖p.144-E

みせん

彌山山頂據說是空海所開，留有許多佛堂。另外還有許多巨石和奇岩，營造出宮島獨特富有變化的景觀。宮島纜車 ☎ 0829-44-0316

開始	獅子岩站
↓ 🚶 20分	
01	彌山本堂
↓ 🚶 即到	
02	靈火堂
↓ 🚶 2分	
03	三鬼堂
↓ 🚶 3分	
04	觀音堂·文殊堂
↓ 🚶 3分	
05	穿越岩
↓ 🚶 2分	
06	彌山山頂
↓ 🚶 3分	
07	干滿岩
↓ 🚶 3分	
08	大日堂
↓ 🚶 22分	
終點	獅子岩站

! HINT

步行距離
2.0km

標準遊逛時間
2小時

如要在彌山健行，建議穿如球鞋等比較好走的鞋。此外，山上的天氣瞬息萬變，穿著最好採用洋蔥式穿法。再帶上雨具會更加安心。如果不搭乘纜車上山，也可以選擇步行爬上山頂。

01 參觀 10分

彌山本堂

　　據說弘法大師曾於此進行過100天的佛法修行。本尊為虛空藏菩薩。雖然平清盛信奉的是嚴島神社，但據說在此收藏著平清盛的第三個兒子，宗盛所捐贈的梵鐘。

02 參觀 20分

靈火堂

　　1200多年前，空海於修行時所點燃的火，直至今日仍然毫無休止地持續燃燒。據說以此靈火煮沸出來的水能夠治百病。

TEKU TEKU COLUMN

往彌山的空中散步·宮島纜車

　　開始彌山散步路線的方式以搭乘纜車最為方便。從宮島碼頭步行約25分鐘左右，可以到達路線起點的宮島纜車紅葉谷站。前往終點的獅子岩站，需搭乘2種不同的纜車。從紅葉谷站搭車到榧谷站需10分，在榧谷站轉車後再搭車4分到終點。遠處是瀨戶內海的多島之美，眼底下則可眺望到彌山的原生森林。

　　在獅子岩站，有只有兩人同時按下擺設上的按鈕才會點燃火苗的**誓言之火**（9:00～17:00，免費），可以親自體驗製作放入心型內餡的**紅葉饅頭的心入紅葉**（10:00～12:00、13:30～15:30，每隔30分受理，300日圓［情侶2人500日圓］）等，擁有眾多受情侶歡迎的景點。

☎0829-44-0316／♀ 広島県廿日市市宮島町紅葉谷公園内／🕘 9:00～16:00（依季節而異）／⊗ 每年2次的定期維修期間／💰 單程1100日圓、往返2000日圓

03 參觀 10 分

三鬼堂

祭祀鬼神的特殊祭堂。日本第一任的總理大臣，伊藤博文對此祭堂的信仰十分篤實，正面的匾額也是伊藤博文的親筆落款。據說能保佑家庭安樂、生意興隆。

04 參觀 10 分

觀音堂・文殊堂

2座緊鄰的佛堂，面對佛堂時左側是觀音堂，右側是文殊堂。觀音堂庇佑孕婦安胎生產，文殊堂則是保佑學業進步。

05 參觀 5 分

穿越岩

大自然形塑而出的巨岩隧道。巨岩雄偉壯觀的景色震懾人心。穿過此處後山頂就在不遠處。

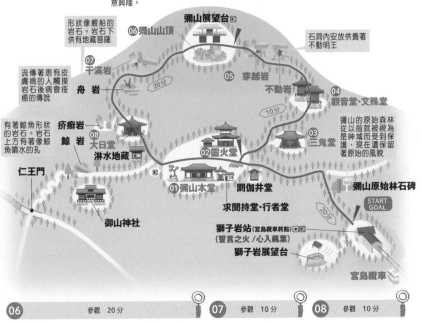

形狀像艘船的岩石。岩石下供有地藏菩薩

彌山展望台 ⊠
06 彌山山頂

石洞內安放供養著不動明王

流傳著患有皮膚病的人觸摸岩石後病會痊癒的傳說

07 干滿岩
舟 岩

05 穿越岩
不動岩 **04**
觀音堂・文殊堂

有著鯨魚形狀的岩石。岩石上方有著像鯨魚噴水的孔

疥癬岩
鯨 岩 **08**
大日堂
淋水地藏

仁王門

彌山的原始森林從以前就被視為是神域而受到保護，現在遺保留著原始的風貌

02 靈火堂
03 三鬼堂

01 彌山本堂
閼伽井堂

彌山原始林石碑

求聞持堂・行者堂

御山神社

獅子岩站（宮島纜車終點）⊠ ⊠
（誓言之火／心入楓葉）
獅子岩展望台

START
GOAL

宮島纜車

隨興遊逛／彌山

06 參觀 20 分

彌山山頂

可將瀨戶內海的多島之美一覽無遺，天氣晴朗時還能眺望到四國連山。這片美景曾被伊藤博文評為「日本三景的真正價值就在於山頂的遠景」。山頂排放著數座巨石，當中最大的一座巨石因有神明坐鎮而被稱為「磐座石」。同時設有瞭望台（下方照片）。

07 參觀 10 分

干滿岩

岩石側面小洞穴中的積水，據說會根據海洋的漲退潮而變動水位。岩石雖然座落於山頂附近，裡頭的積水卻富含鹽分。

08 參觀 10 分

大日堂

據說是空海為了修習佛法所建立的佛堂。明治時代以前，每逢農曆正月，瀨戶內海諸島的僧侶會一同登上彌山，花費七日於此地祈願國運昌隆。

美食&購物

星鰻料理
山一別館
やまいちべっかん

地圖 p.129-B
宮島碼頭 🚶 1分

位於宮島碼頭前的料亭旅館。上至會席料理，下至輕鬆品嘗的星鰻蓋飯3300日圓等，餐點種類繁多。紅燒星鰻烤過後沾上醬汁，再做成押壽司的星鰻壽司2800日圓，蓬鬆的星鰻與醋飯的絕妙搭配頗有人氣。午餐的會席料理為5500、7700日圓，是瀨戶內山產海味匯集的季節御膳。星鰻全餐8000日圓有9道主菜，味道清爽高雅，不妨慰勞一下旅程辛勞，好好犒賞自己。

📞 0829-44-0700
📍 廿日市市宮島町港町1162-4
🕐 11:00～14:00、
　17:00～20:00LO
🈑 無休　＊90席　🅿 6輛

烤牡蠣・星鰻
いな忠
いなちゅう

地圖 p.129-B
宮島碼頭 🚶 7分

遊逛嚴島神社參道商店街時，可以順道一嘗的烤牡蠣與

烤星鰻的店，原為魚店，漁獲新鮮可以掛保證。聞到店頭烤星鰻香味而停下腳步的客人不少。把剛烤好的蒲燒星鰻放在米飯上，以精緻餐盒盛裝的星鰻飯2300日圓人氣最旺。星鰻和以星鰻高湯炊出的米飯可說絕配。還提供外帶便當（小）2000日圓、（大）2300日圓，可於回程細品嘗。一整條下去油炸的星鰻天婦羅1800日圓也值得一嘗。店內同時販售牡蠣料理，可一併享受廣島地區兩大絕品美食。

📞 0829-44-0125
📍 廿日市市宮島町
　中之町浜507-2
🕐 10:30～15:30
🈑 週四(11月無休)
＊60席　🅿 無

烤牡蠣
燒がきのはやし

地圖 p.129-D
宮島碼頭 🚶 8分

70多年前創業以來，專賣烤牡蠣的店。帶殼的牡蠣當場烤給客人享用。廣島的地御前牡蠣3個1400日圓。於清澈海域孕育而成的牡蠣4個1600日圓。牡蠣三景定食3400日圓內

容有生牡蠣、烤牡蠣、炸牡蠣與牡蠣飯，是非常受歡迎的餐點。

📞 0829-44-0335
📍 廿日市市宮島町505-1
🕐 10:30～16:30LO
　(週六至17:00)
🈑 週三　＊86席　🅿 無

烤牡蠣、穴子
みやじま食堂

地圖 p.129-B
宮島碼頭 🚶 7分

使用白木裝潢的明亮店內，是堅持選用宮島食材，提供穴子、牡蠣等美味定食的食堂咖啡廳。最受歡迎的是分量十足的穴子飯定食2090日圓。烤牡蠣4個1100日圓。

📞 0829-44-0321
📍 廿日市市宮島町590-5
🕐 11:00～19:45(19:30LO)
　(有季節性變動)
🈑 不定休　＊50席　🅿 無

烤牡蠣
沖野水産
おきのすいさん

地圖 p.129-B
宮島碼頭 🚶 5分

宮島內販售牡蠣的店很多，此店是唯一由生產者開設的店。在此可吃到當場現烤的牡

蠣。由於就養在宮島的近海，鮮度極佳，口味濃郁，可以吃到肥美有彈性的口感。烤牡蠣1個200日圓、醋牡蠣500日圓、炸牡蠣1串300日圓等，全年都吃得到。但冬季時還提供生牡蠣300日圓。

 0829-44-2911
廿日市市宮島町553-1
🕙 10:00～16:00左右
休 不定休　＊15席　Ｐ 無

ふじたや

地圖p.129-C
宮島碼頭🥾17分

往大聖院途中幽靜路上，1901(明治34)年創業的老字號。衝著著名星鰻飯2500日圓而來的客人大排長龍。用蒸籠蒸好的米飯上，盛上祕傳醬汁燒烤的2條份量的星鰻。冬季的醋牡蠣800日圓、星鰻肝800日圓。

🎵 0829-44-0151
廿日市市宮島町125-2
🕙 11:00～17:00
休 不定休　＊28席　Ｐ 3輛

まめたぬき

地圖p.129-A
宮島碼頭🥾7分

位於老字號旅館1樓的用餐處，在此可以享用到以牡蠣或廣島牛等當地食材製作的料理，還有地產酒。最受歡迎售價1950日圓的星鰻陶箱飯，是陶箱整個進蒸籠，蒸得星鰻柔軟蓬鬆，吃到最後都還能維持著熱騰騰的狀態。推薦便當於散步享用，或當伴手禮。

🎵 0829-44-2152
廿日市市宮島町1133
錦水館內
🕙 11:00～14:30LO、
17:00～20:00LO
休 不定休　＊56席　Ｐ 無

塔之岡茶屋
とうのおかちゃや

地圖p.129-D
宮島碼頭🥾10分

大正時代末期創業，位於嚴島神社五重塔下的甜品坊。著名的太閣力餅570日圓，據說是豐臣秀吉建造千疊閣之時，為了補充工匠們的營養，而在小顆麻糬灑上黃豆粉為由來。店內自製的甜酒450日圓(10月中旬～翌5月左右限定)，也有賣紅豆湯620日圓。

🎵 0829-44-2455
廿日市市宮島町大町419
🕙 10:00～17:00
（售完打烊）
休 不定休　＊30席　Ｐ 無

宮島

TEKU TEKU COLUMN

星鰻飯的創始者·うえの
地點位於宮島口站前，於1901(明治34)年，第一家販賣星鰻飯的餐廳。當時的星鰻飯便當為15錢(換算成現今的貨幣價值為2700日圓)。以高湯煮出帶有醬油味的米飯，再鋪上滿滿的蒲燒星鰻的星鰻飯售價2250日圓。同樣價格的便當也有在JR宮島口站販售。餐廳2樓的包廂需事先預約。地圖p.129-A

🎵 0829-56-0006
廿日市市宮島口1-5-11
🕙 10:00～19:00
（週三～18:00、
便當9:00～）
休 無休　＊33席　Ｐ 10輛
JR宮島口站🥾1分

137

Sarasvati
さらすヴぁてぃ

地圖 p.129-D
宮島碼頭🚶10分

店內有嚴選品質的不同種類咖啡，為正統派咖啡廳，希望各位能在此度過一段美好的午茶時光。提供接受點餐後才開始現沖的香氣濃厚咖啡，以及跟咖啡很搭的甜點。蛋糕套餐1040日圓，午餐還另有義大利麵等餐點。

📞 0829-44-2266
📍 廿日市市宮島町407
🕐 8:30～19:00
休 無休
Ｐ 無

紅葉饅頭

藤い屋
ふじいや

地圖 p.129-A
宮島碼頭🚶7分

1925（大正14）年創業的紅葉饅頭老店。1個130日圓，使用彌山名水的豆沙餡，深受在地人喜愛。除了豆沙餡以外，還有紅豆粒餡、卡士達奶油、巧克力共5種。另外販售芒果、洋梨等水果內餡的花琥珀糖4入

1200日圓。店內設有座位，可邊欣賞庭園景緻、邊品嘗現烤的紅葉饅頭附抹茶套餐200日圓。

📞 0829-44-2221
📍 廿日市市宮島町1129
🕐 9:30～17:30
休 無休　Ｐ 無

紅葉饅頭

紅葉堂 本店
もみじどう ほんてん

地圖 p.129-C
嚴島神社🚶4分

將紅葉饅頭做成天婦羅的宮島新名產「油炸紅葉饅頭」1個200日圓，而這裡就是發祥的店。有著外頭酥脆，裡面綿軟的不可思議口感，很受到遊客歡迎。購買後店家會直接在眼前下鍋油炸，所以能吃到熱騰騰的紅葉饅頭。有豆沙餡、奶油、起司等3種口味可供選購。

📞 0829-44-2241
📍 廿日市市宮島町448-1
🕐 9:00～18:00左右
　（視季節變動）
休 不定休　Ｐ 無

ぺったらぽったら本舗
ぺったらぽったらほんぽ

地圖 p.129-B
宮島碼頭🚶5分

「ぺったらぽったら」是種將精挑細選後的牡蠣跟穴子放在飯上的烤飯糰，使用了廣島縣產的粳米。塗上祕傳醬油後，以炭火烤出香噴噴的成品，外表酥脆但中間柔軟的口感大受喜愛，1個390日圓。

📞 0829-44-2075
📍 廿日市市宮島町
　北之町浜 1183-2
🕐 10:00～17:00
休 不定休　Ｐ 無

民藝品

佐々木文具店
ささきぶんぐてん

地圖 p.129-B
宮島碼頭🚶8分

位在町家通的民俗藝品伴手禮店。二戰結束後就以文具店為當地民眾所熟悉，近年作為伴手禮店，增加了觀光客造訪此處。有將和服碎布自製成便條紙夾190日圓、今治製的毛巾手帕550日圓等各種可愛商品。能除厄的「幸紙」150日圓，是宮島家庭都很熟悉的除魔護符。

飯杓

杓子の家
しゃくしのいえ

地圖 p.129-B
宮島碼頭 🚶 7分

寛政年間，僧侶誓真從弁財天的琵琶形狀得到靈感而發明的飯杓，已成宮島著名的伴手禮。從小型的手卷壽司用飯杓到巨大飯杓，桑木、櫸木等素材種類豐富。實用品400日圓起、裝飾用的琵琶型500日圓起。可刻上姓名的限定版飯杓型手機吊飾500日圓起也很受歡迎。

📞 0829-44-0084
📍 廿日市市宮島町幸町東浜488
🕙 10:00～16:30
休 週三
🅿 無

📞 0829-44-0273
📍 廿日市市宮島町527-3
🕙 9:00～18:00
休 不定休 🅿 無

民藝品

平野屋
ひらのや

地圖 p.129-C
宮島碼頭 🚶 13分

位於由宮島碼頭走過嚴島神社後的川端筋上的伴手禮店。以宮島地標大鳥居和紅葉設計出來的手機吊飾和小物等，由著名商品到店內自製商品一應俱全。飯杓型和服花樣的自製手機吊飾580日圓尤其受到歡迎。此外也販售宮島自古傳下來的民藝品，宮島張子和土鈴等。

📞 0829-44-0399
📍 廿日市市宮島町112
🕙 9:00～18:00
休 不定休 🅿 無

伴手禮

zakkaひぐらし
ざっかひぐらし

地圖 p.129-A
宮島碼頭 🚶 5分

設於「藏宿伊呂波」內的雜貨店。店內原創的手帕1100日圓、陶製的鹿形狀筷架880日圓（照片）等，店內賣有許多以宮島或嚴島神社為題材而設計出的優質商品。店內不僅販售來自廣島當地，還精選了從世界各地的創作家製作的器皿、首飾與古董等商品。

📞 0829-44-0168
📍 廿日市市宮島町589-4
🕙 10:00～17:00
休 無休
（準同藏宿 伊呂波的休假日）
🅿 無

牡蠣醬油

宮島醬油屋本店
みやじましょうやほんてん

地圖 p.129-D
宮島碼頭 🚶 8分

使用廣島特產品製成的調味料在店內一字排開。果汁醬油180ml800日圓、牡蠣醬油180ml850日圓起等商品外，還有味噌、七味辣椒粉、柚子胡椒等，每一種調味料都很受歡迎，僅灑上些許就能令料理變得美味。同時販售蒸牡蠣或蒸星鰻飯、佃煮、以及燻製食品等。

📞 0829-44-0113
📍 廿日市市宮島町439-1
🕙 10:00～17:00
休 不定休(2月有臨時休)
🅿 無

住宿指南

神撰之宿賓館宮離宮	♪0829-44-2111／地圖p.129-B／1泊2食12100日圓～ ●5樓的大浴場有有榻榻米浴池，風格煥然一新。
錦水館 （きんすいかん）	♪0829-44-2131／地圖p.129-A／1泊2食19800日圓～ ●距離宮島棧橋只要走路1分即到，地點很方便。房間有8個種類可選擇。
Guest House Kikugawa	♪0829-44-0039／地圖p.129-B／1泊2食12760日圓～ ●溶入古色古香城鎮的日式風格飯店。活用瀨戶內海食材的餐點備受好評。
旅莊川口	♪0829-44-0018／地圖p.129-D／Ⓢ7700日圓～、Ⓣ14300日圓～ ●旁邊就是嚴島神社的五重塔。全部房間皆為和式，氣氛完美。也有提供Wi-Fi。
Miyajima Grand Hotel Arimoto	♪0829-44-2411／地圖p.129-D／1泊2食14520日圓～ ●創業於江戶時代，可品嘗到素材經過嚴選的懷石、會席料理。
Nakaya B&B	♪0829-44-0725／地圖p.129-B／1房22000日圓～ ●利用沿著町家通的民家，走路到表參道商店街只要30秒。
藏宿 伊呂波	♪0829-44-0168／地圖p.129-A／1泊2食21600日圓～ ●走路到嚴島神社只要5分鐘，可欣賞大鳥居的露天浴池是開放的。
宮島觀光酒店錦水別莊	♪0829-44-1180／地圖p.129-B／Ⓢ10450日圓～、Ⓣ29040日圓～ ●地點距宮島棧橋只要走路1分，能進行享受宮島觀光。有觀景榻榻米浴池。
山一別館 （やまいちべっかん）	♪0829-44-0700／地圖p.129-B／1泊2食11000日圓～ ●這間割烹旅館的料理使用了大量當地捕獲的海鮮。
櫻谷酒店	♪0829-40-2805／地圖p.129-B／Ⓢ5500日圓～、Ⓣ5500日圓～ ●以海景客房為傲的旅宿。在公共區域可以免費使用Wi-Fi。
Miyajima Hotel Makoto	♪0829-44-0070／地圖p.129-B／1泊2食14300日圓～ ●此間日式飯店位在受綠意環繞的高台上，餐點是有海鮮的會席料理。
宮島新壽酒店	♪0829-44-2526／地圖p.129-D／1晚11000日圓～ ●位在宮島港跟嚴島神社中間的B&B飯店，以觀光來說很方便。
Momiji-so	♪0829-44-0077／地圖p.129-D／1泊2食18700日圓～ ●周圍盡是大自然的純日式旅館。女老闆做出的家庭料理很受歡迎。
岩惣 （いわそう）	♪0829-44-2233／地圖p.129-D／1泊2食19800日圓～ ●能充分感受到彌山山麓的大自然綠意。紅葉時期推薦在此留宿。
菊乃家飯店	♪0829-40-2400／地圖p.129-D／1泊2食13059日圓～ ●旁邊就是知名的紅葉景點「紅葉谷公園」。休閒居家的氛圍很棒。
宮島四季之宿 渡邊	♪0829-44-0234／地圖p.129-C／1泊2食20900日圓～ ●1日限定4組的隱蔽住宿，聽著潺潺溪水聲可以好好放鬆一下。
聚景莊 （じゅけいそう）	♪0829-44-0300／地圖p.129-C／1泊2食15700日圓～ ●可邊眺望大鳥居邊享用會席料理跟海鮮，很受好評。
旅彩之宿 水羽莊	♪0829-44-0173／地圖p.129-C／1泊2食11000日圓～ ●位在宮島水族館前的和風時尚住宿。1樓有間玻璃落地窗的餐廳。
國民宿舍宮島杜之宿	♪0829-44-0430／地圖p.129-C／1泊2食10700日圓～ ●位處大元神社前的靜謐公園中，是宮島唯一的國民宿舍。
Forest Villa Mizuuha	♪0829-44-0173／地圖p.129-C／1組1晚～56000日圓～（1～10人） ●1天限定1組的包租旅宿。適合長期觀光居住。

拜訪描繪優雅弧度的錦帶橋　　　　地圖p.144-E

歷史情懷小鎮・岩國

岩國是江戶時代吉川家所統治的城下町。除了象徵岩國的名勝錦帶橋外，不妨漫步於歷史・文化遺產，以及綠意盎然的岩國城周邊吧。

漫步於歷史景點豐富的岩國

架設在河寬約200m的錦川上的錦帶橋，因是岩國的象徵景點而聞名。**錦帶橋**是1673(延寶元)年，第3代岩國藩主吉川廣嘉參考中國的《西湖遊覽志》中描寫的拱橋而興建的5連橋，也是日本三大名橋的其中之一。

鄰近於錦帶橋的**吉香公園**，還留有眾多令人遙想藩政時代的歷史性建築物。還有香川家長屋門與舊目加田家住宅等武家住宅，以及祭祀吉川氏神靈的吉香神社等景點。在城建成後的第7年，因一國一城的敕令而遭受解體悲慘命運的名城**岩國城**，現在可以搭乘岩國城纜車（來回560日圓）前往參觀。如今見到的天守閣為1962(昭和37)年重建而成。於城內展示著刀劍與書畫類文物。

午餐推薦您品嘗特產**岩國壽司**。距今約400年前，由於岩國城建於山上不易儲備飲用水，為了應付戰爭而創作出的保久食品，即是岩國壽司。壽司中放有蓮藕與魚肉的，屬於押壽司的一種，可在**お食事処 しらため別館**（11:00～14:30，不定休）等周邊餐廳吃得到。

搭乘觀光小火車Toko Toko小火車可以前往清澈河流，錦川的上流處。從小火車的窗外能眺望錦川美景，在以璀璨螢光石裝飾的「閃亮亮夢隧道」當中，彷彿置身於如夢似幻的夢想空間。

在終點的雙津峽溫泉下車後，遊客不妨前往Nishiki Palace Hotel的天然氡溫泉，洗盡旅途的疲勞，據說也具備了療養的功效。使用從清澈河流宇佐川捕撈的香魚所料理成的風味餐也是一大賣點。

交通指南
廣島站搭JR山陽本線至岩國站51～59分，770日圓。岩國站至錦帶橋🚌巴士往錦帶橋15～26分，♀錦帶橋下車即到。岩國站往錦川上流搭乘錦川鐵道錦川清流線（JR岩德線直通）1小時1～9分在錦町站下車。搭乘Toko Toko小火車往Nishiki Palace Hotel約40～50分。

觀光詢問處
岩國市觀光振興課　☎0827-29-5116
岩國市觀光協會　☎0827-41-2037

1 有著可對抗錦川急流的建築結構的錦帶橋
2 從岩國城的天守閣可遠眺市區與瀨戶內海
3 有著殿下壽司別名的岩國壽司　4 幻想般閃亮亮夢隧道的洞內裝飾　5 沿宇佐川所建的Nishiki Palace Hotel

●錦帶橋
☎0827-29-5107／♀山口県岩国市／⏰ 發放號碼券8:00～17:00（有季節變動）／休 無休／¥310日圓、岩國城&空中纜車套票1140日圓／24小時皆可登橋參觀，但晚上要將錢投進費用箱內。
●岩國城
☎0827-41-1477／♀山口県岩国市横山／⏰9:00～16:45／休 空中纜車維修日／¥270日圓
●Toko Toko小火車
錦川鐵道／☎0827-72-2002／♀山口県岩国市錦町広瀬7873-9（錦町站）／1天3～4往返，僅週六日、假日行駛 ※春假、暑假則每日運行／¥來回1400日圓

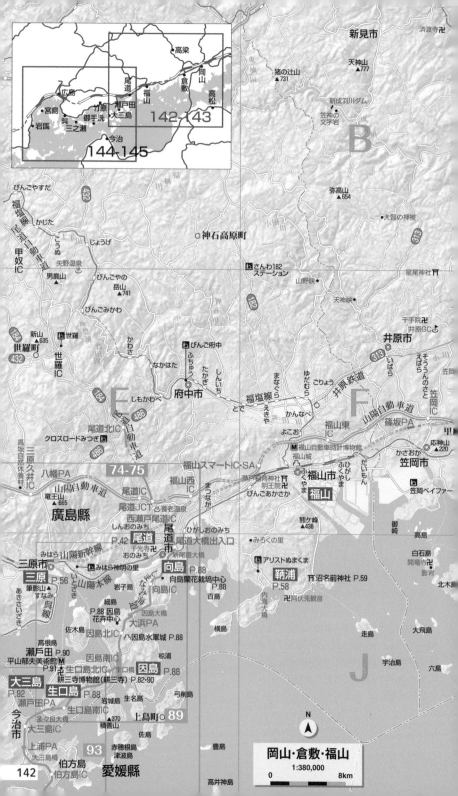

岡山・倉敷・福山
1:380,000
0   8km

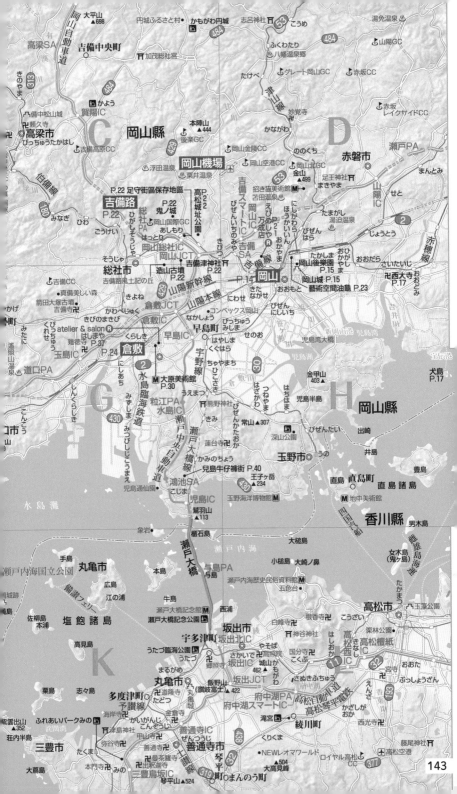

143

旅遊準備的建議

HINT

前往瀨戶內的方法

　　前往山陽地方的交通方式有飛機、火車與高速巴士。研究各種交通方式的所需時間、價格、班數等要素後，再詳細制定旅遊計畫吧。

臺灣出發	**往倉敷**	桃園→岡山機場→倉敷	⏱ 桃園→岡山機場約2小時45分 岡山機場～倉敷站的利木津巴士35分　¥1150日圓
東京出發		東京→倉敷	東海道山陽新幹線「希望號」、JR山陽本線普通　⏱ 3小時32分～4小時8分 ¥17660日圓　JR東日本 ☎050-2016-1600 ●新幹線1小時有4～5班，在岡山站轉乘。山陽本線班次頻繁
		東京→倉敷	「グランドリーム號」(京濱吉備DREAM號)　⏱ 10小時40分　¥5100日圓～ 中國JRバス ☎0570-666-012 ●1天1班，從迪士尼樂園發車。經由橫濱（YCAT）
大阪出發		新大阪→倉敷	新幹線「希望號」「櫻花號」等、山陽本線　⏱ 1小時10～29分　¥6470～6680日圓 JR西日本 ☎0570-00-2486 ●新幹線1小時有4～5班，在岡山站轉乘。山陽本線班次頻繁。
		大阪→倉敷	「リョービエクスプレス」(ryobi express)　⏱ 4小時15～40分　¥3020日圓 兩備巴士 ☎0570-08-5050 ●1天9班，從湊町BT（OCAT）發車。經由岡山站
福岡出發		博多→倉敷	新幹線「希望號」「瑞穗號」　⏱ 2小時～2小時29分　¥13280日圓 JR西日本 ☎0570-00-2486 ●1小時4～7班，在岡山站轉乘。搭乘山陽本線到倉敷11～19分
		博多→倉敷	「ペガサス號」　⏱ 8小時15分　¥7230日圓　☎西鐵0570-00-1010 ／下津井電鐵 ☎086-231-4331／兩備巴士 ☎086-232-6688 ●1天1班的夜間巴士。西鐵天神高速BT發車，經由博多BT。採預約制
臺灣出發	**往尾道**	桃園→廣島機場→尾道	⏱ 臺灣→廣島機場約2小時30分 從機場搭乘利木津巴士到三原約38～40分　¥840日圓 ●從三原站搭山陽本線約11～29分，240日圓
東京出發		東京→尾道	新幹線「希望號」　⏱ 3小時56分～4小時40分　¥17260日圓 JR東日本 ☎050-2016-1600 ●1小時1～2班，從三原站搭山陽本線到尾道站約18～21分
		新宿→尾道	「エトワールセト號」　⏱ 11小時　¥11700日圓 小田急CITY BUS ☎03-5438-8511／中國巴士 ☎084-954-9700 ●1天1班，新宿西口小田急HALC發車，經由福山站
大阪出發		新大阪→尾道	新幹線「希望號」「櫻花號」　⏱ 1小時32分～2小時8分　¥7910～8650日圓 JR西日本 ☎0570-00-2486 ●1小時2～4班，從福山站搭山陽本線到尾道站約18～21分

往尾道	大阪出發	難波→尾道	「びんごライナー」 ⏱5小時 ¥4200日圓 中國巴士 ☎084-954-9700 ● 難波湊町BT（JR難波站）發車，經由梅田，1天1班
	福岡出發	博多→新尾道	新幹線「希望號」+「回聲號」「光號」 ⏱1小時44分～2小時22分 ¥11290日圓 JR西日本 ☎0570-00-2486／尾道巴士 ☎0848-46-4301 ●在廣島站轉乘 「回聲號」或「光號」，新尾道站下車。往市區的巴士15分，190日圓
往廣島	臺灣出發	桃園→廣島	⏱1小時30～35分 ● 從廣島機場搭乘廣島機場線至廣島站約50分 ¥1370日圓
	東京出發	東京→廣島	新幹線「希望號」 ⏱3小時47分～4小時5分 ¥19440日圓 JR東日本 ☎050-2016-1600 ●1小時3～4班
		東京→廣島	「ニューブリーズ號」(New breeze) ⏱11小時50分 ¥7700日圓～ 小田急巴士 ☎03-5438-8511／中國JR巴士 ☎0570-666-012 1天1～2班，從東京站八重洲南口發車。採3列獨立座椅，寬敞舒適
	大阪出發	新大阪→廣島	新幹線「希望號」「瑞穗號」 ⏱1小時20～29分 ¥10420日圓 JR西日本 ☎0570-00-2486 ●1小時4～5班
		大阪→廣島	JR高速巴士「グラン昼特急廣島號」 ⏱5小時32分 ¥3500日圓～ 中國JR巴士 ☎0570-666-012 ●1天3班，湊町BT（OCAT）發車， 經由大阪站JR高速BT，抵達廣島站新幹線口
	福岡出發	博多→廣島	新幹線「希望號」「瑞穗號」「櫻花號」 ⏱1小時1～26分 ¥9100～9310日圓 JR西日本 ☎0570-00-2486 ●1小時4～6班
		博多→廣島	「廣福Liner」 ⏱4小時44分 ¥4250日圓 廣島交通預約中心 ☎082-238-3344 ●1天10班，從博多BT出發，抵達廣島站南口

租賃車資訊

HINT

如島波海道或跳島海道等，景點間皆有一定的距離，而且巴士班次較少的區域內，不妨考慮利用租車服務遊逛吧。

●使用JR鐵路&租車車票

如果想使用租車服務，購買JR發售的「鐵路&租車車票」最為經濟實惠。如果同一段行程中會利用到租車服務，並搭乘至少201公里以上的JR鐵路的話，同時預約車票與租車服務時，全體搭乘者的車費可享8折、特急車費可享9折的優惠（不包含黃金週、盂蘭盆節、正月期間）。也可使用周遊車票。車站的租車服務，如果提前在網路預約也可享9折優惠。

租車公司的聯絡方式

日本租車
☎0800-500-0919
豐田租車
☎0800-7000-111
日產租車
☎0120-00-4123
歐力士租車
☎0120-30-5543

租賃車費用

時間 車種	K等級 （大發Move、 Wagon R等）	S等級 （豐田Vitz、 本田Fit等）	A等級 （豐田卡羅拉、 日產Tiida等）	ES等級 （豐田AQUA、 本田Fit HV等）	MV等級 （豐田Sienta、 本田fleet等）	WA等級 （豐田諾亞、日 產Serena等）
24小時 以內	6700日圓	7540日圓	10560日圓	10450日圓	12650日圓	21010日圓

使用Gururin Pass（ぐるりんパス）

Gururin Pass套票除了包含新幹線的往返對號座車票，以及2～3日內無限次搭乘交通工具外，還附上了受歡迎的觀光設施的入場券，經濟實惠又方便。請注意訂購套票時使用者需有兩位以上，並且於使用前一天購入。

●岡山・倉敷Gururin Pass

以岡山・倉敷的中心地區為周遊區域（不包含岡山市內的路線巴士）。JR、岡山電氣軌道、下電巴士（部分區域）等3日內可無限次搭乘。以及可參觀大原美術館、岡山後樂園等14座受歡迎的觀光設施。

●宮島・瀨戶內Gururin Pass

3日內可無限次搭乘Meipuru～pu、路面電車、宮島渡輪等，在廣島觀光時很方便的指定交通工具。除了附贈嚴島神社等5座設施的入場券外，還附贈DISCOVERY WEST PASSPORT，只要在活動合作的設施出示，就能拿到優惠特典。

JR西日本TOKUTOKU票券電話預約中心
☎ 0570-09-5489(8:00～17:00、無休)
¥ 岡山・倉敷12940日圓、宮島・瀨戶內20870日圓（皆從大阪出發的話）

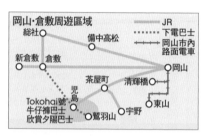

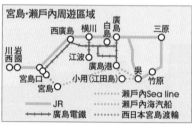

方便的周遊券資訊

區域	名稱	費用／期間／販售地點
岡山	路面電車1日乘車券	400日圓/1天/路面電車內、岡山站前巴士綜合服務處等地販售。可在1天內無限搭乘路面電車全線（東山本線、清輝橋線）。
	洽詢處…岡山電氣軌道運輸課 ☎086-272-5520	
	兩備巴士1 Day周遊券	週六日、假日、盂蘭盆節、過年期間1500日圓（平日1800日圓）/1天/岡山站前巴士綜合服務處、倉敷站觀光服務處等地販售。除高速巴士、定期觀光巴士外，
	洽詢處…兩備巴士 ☎086-232-2116	
廣島	廣電1日乘車乘船券	900日圓/1天/廣島站電車服務處、電車定期券窗口等處販售。可在1天內無限搭乘路面電車全線、往宮島的渡輪和宮島松大汽船。僅能搭乘路面電車的電車1日乘車券700日圓。
	洽詢處…ひろでんコールセンター ☎0570-550700（平日6：30～20：30；週六日、假日9：00～18：00）	
	Meipuru～pu一日乘車券	400日圓/1天/廣島站新幹線口巴士票券售票處、Meipuru～pu車內等處販售。可自由搭乘行走於市區中心地區的循環巴士橘線、黃線跟綠線。全部路線都會經過和平公園前、原爆圓頂前。
	洽詢處…中國JR巴士 ☎0570-010-666	
尾道	尾道周遊券	1000日圓/1天/尾道站觀光服務處、尾道站前巴士中心等處販售。內容為尾道巴士1日券加上千光寺山空中纜車來回券的套票。
	洽詢處…尾道巴士 ☎0848-46-4301	
島波海道	Shimanami Hopping Pass	3500日圓/僅發行日當天有效（也有例外日）/在尾道站觀光服務處兌換。有尾道～瀨戶田間的來回乘船票加上瀨戶田自行車1日券的套票。可在4天前透過網路或電話預約。若自行車數量足夠，當天也可以用。租借自行車須付保證金1000日圓（返還後退費）。
	洽詢處…尾道觀光協會 ☎0848-36-5495	

HINT

搭乘定期觀光巴士

定期觀光巴士的優勢在於，不必擔心或煩惱轉搭其他交通工具，能用經濟實惠的方式遍訪所有觀光景點。觀光時不必攜帶麻煩的行李也是賣點之一。幾乎所有的巴士路線都需事先預約，如欲搭乘觀光巴士請務必事先提早洽詢。

	方案名稱	所需時間、費用	主要行程
岡山・倉敷	快速遊覽後樂園、倉敷路線	約4小時40分（岡山上下車）/岡山上下車4000日圓、倉敷下車3460日圓	12:20岡山站西口發車→後樂園（步行）→夢二鄉土美術館→倉敷美觀地區→16:03抵達倉敷站前→17:00左右抵達岡山站西口 ※3/20～11/30週二～日行駛 採預約制
	洽詢處…兩備巴士☎086-232-2155（9時30分～17時）		
	遊逛夢二、刀劍、閑谷學校路線	約7小時5分/6900日圓（含午餐）	9:30岡山站西口發車→夢二生家紀念館、少年山莊→OKAYAMA GARDEN（午餐）→長船刀劍博物館→閑谷學校→16:35抵達岡山站西口 ※週六日、假日行駛，12/25～1/4停駛
	洽詢處…兩備巴士☎086-232-2155（9時30分～17時）		
鞆浦	鞆浦日本遺產路線	A路線3小時15分2300日圓/B路線3小時45分2700日圓	9:00福山站前發車→福山汽車時鐘博物館→明王院→鞆浦街道散步（A行程約到12:15解散）→約12:45抵達福山站前 ※2023/4/1～12/17僅週六日、假日行駛。不需預約
	洽詢處…TOMOTETSU巴士定期觀光巴士預約中心☎084-952-3100		
竹原・大久野島	竹原、大久野島1日觀光路線	約8小時40分/5000日圓（不含午餐）	9:20廣島站新幹線口發車→公路休息站たけはら→竹原「街區保存地區」逛街、自由吃午餐→忠海港（渡輪）→14:20抵達大久野島港→島內自由參觀→16:06大久野島港發船→忠海港→18:00抵達廣島站新幹線口 ※附導覽，除假日外，每週二、五行駛
	洽詢處…中國JR巴士電話預約中心☎0570-666-012		
廣島	廣島觀光循環巴士 Hiroshima Meipuru～pu	1日乘車券400日圓	可自由搭乘Meipuru～pu橘線、綠線、黃線。單次乘車為220日圓。另有結合廣島世界遺產定期觀光巴士的套票5200日圓。 ※廣島世界遺產定期觀光巴士有限定的行駛日，請注意
	洽詢處…中國JR巴士電話顧客中心☎0570-010-666		
	廣島世界遺產定期觀光巴士	約7小時40分/5000日圓（含午餐、導覽。嚴島神社參觀費另計）	8:50廣島站發車→廣島城（車窗）→紙屋町→原爆圓頂（步行）→和平紀念資料館→車內享用便當→廣島陸軍被服工廠遺跡（車窗）→11:25廣島港發船→12:00抵達宮島港→宮島世界遺產自由參觀（2小時50分）→14:55宮島港發船→16:30抵達廣島站新幹線口
	洽詢處…中國JR巴士電話顧客中心☎0570-010-666		

索引

150

國家圖書館出版品預行編目（CIP）資料

瀬戶內海・倉敷・尾道・廣島・宮島 /
實業之日本社BlueGuide編輯部作；
人人出版編輯部翻譯． — 修訂第四版 —
新北市：人人出版股份有限公司，2023.09
面；公分． — （人人遊日本；14）
ISBN 978-986-461-348-9（平裝）

1.CST：遊記　　2.CST：日本

731.9　　　　　　　　112012749

Follow Me
人人遊日本

瀬戶內海
倉敷・尾道・廣島・宮島（修訂第四版）

作者／實業之日本社BlueGuide編輯部

翻譯／人人出版編輯部

校對／林庭安

發行人／周元白

出版者／人人出版股份有限公司

地址／23145新北市新店區寶橋路235巷6弄6號7樓

電話／（02）2918-3366（代表號）

傳真／（02）2914-0000

網址／http://www.jjp.com.tw

郵政劃撥帳號／16402311 人人出版股份有限公司

製版印刷／長城製版印刷股份有限公司

電話／（02）2918-3366（代表號）

香港經銷商／一代匯集

電話／（852）2783-8102

第一版第一刷／2005年12月

修訂第四版第一刷／2023年9月

定價／新台幣360元
　　　港幣120元

Blue Guide Tekuteku Aruki 18. Setonaikai - Kurashiki Onomichi Hiroshima Miyajima
Copyright © 2021 by Blue Guide Editorial Department
First published in Japan in 2021 by Jitsugyo no Nihon Sha, Ltd., Tokyo
Traditional Chinese translation rights arranged with Jitsugyo no Nihon Sha, Ltd.
through Japan Foreign-Rights Centre/Bardon-Chinese Media Agency